E NÃO É QUE DEU CERTO?

QUATRO AMIGOS EM BUSCA DE FUTEBOL, ROCK'N'ROLL E MUITA ENCRENCA

São Paulo

2018

Grupo Editorial
UNIVERSO DOS LIVROS

Diretor editorial: **Luis Matos**
Gerente editorial: **Marcia Batista**
Assistentes editoriais: **Letícia Nakamura e Raquel F. Abranches**
Preparação: **Jonathan Busato**
Revisão: **Ricardo Franzin e Guilherme Summa**
Capa e projeto gráfico: **Valdinei Gomes**
Imagens: **Arquivo pessoal dos autores**

Dados Internacionais de Catalogação na Publicação (CIP)
Angélica Ilacqua CRB-8/7057

N171

E não é que deu certo? : quatro amigos em busca de futebol, rock'n'roll e muita encrenca. –– São Paulo : Universo dos Livros, 2018.
192 p. : il.

ISBN: 978-85-503-0382-6
1. Entretenimento 2. Futebol - História 3. Rádio - História
4. Rock - História 5. Televisão - História I. Título

18-1546 CDD 791

Universo dos Livros Editora Ltda.
Rua do Bosque, 1589 • 6º andar • Bloco 2 • Conj. 603/606
Barra Funda • CEP 01136-001 • São Paulo • SP
Telefone/Fax: (11) 3392-3336 • www.universodoslivros.com.br
e-mail: editor@universodoslivros.com.br
Siga-nos no Twitter: @univdoslivros

Sumário

POWERAGE
SHOULD
I STAY
OR
SHOULD

INTRODUÇÃO

O que faz do *Quem Não Faz Toma* e do *Encrenca* atrações tão queridas pelo público? Poderíamos passar dias e dias discutindo se a questão envolve a beleza dos apresentadores ou suas vozes irresistíveis, mas sabemos que seu maior trunfo reside na maneira como a trupe nos faz sentir como se fôssemos seus amigos de infância. Escutamos suas histórias, rimos de seus comentários e gargalhamos com sua zoeira como se a gente estivesse na mesma mesa de bar, e tal intimidade torna esses caras únicos, diante de um mundo que sempre tendeu a separar o público de cá com o pessoal de lá.

Assim, este livro nasceu da vontade dos amigos de se aproximarem ainda mais de seus ouvintes e espectadores ao trazer as histórias do quarteto e as dos principais universos que os rodeiam, como o rock'n'roll, o futebol, o rádio e a TV.

A obra apresenta quatro capítulos dedicados a cada um desses temas, enquanto mostra, ao mesmo tempo, como eles se relacionam com as vidas de Tatola, Ricardinho, Angelo e Dennys.

A leitura não precisa ser regrada; você pode ler este almanaque com a mesma liberdade de que desfruta quando chega na casa de seu melhor amigo e pega um refrigerante da geladeira sem pedir.

Esta maravilhosa cumplicidade entre amigos é, sobretudo, aquilo que o *Quem Não Faz Toma* e o *Encrenca* mais transmitem de importante, nos fazendo lembrar das palavras do pai de Tatola quando este ainda era moleque: "Na vida, estude 30% do tempo. Nos outros 70%, faça amigos".

O resultado está aqui!

LOVE WILL TEAR
US APART
AGAIN

COMO COMEÇAMOS A TOMAR TUDO

A história que vamos contar agora é sobre quatro garotos de Liverpool que criaram uma banda cham… Opa! História errada, vamos recomeçar: a história de cada um dos integrantes deste quarteto é como qualquer outra que conhecemos – cheia de idas, vindas, altos, baixos, inícios e fins. E, como toda boa história, estas falam sobre pessoas das mais diversas origens que tornaram seus sonhos reais. O caminho foi árduo para Tatola, Angelo, Dennys e Ricardinho, mas os recompensou com a experiência e a bagagem que os tornaram extraordinários. Nas páginas a seguir, você conhecerá melhor a vida desses homens, descobrindo os feitos e desfeitos das mentes mais talentosas e malucas do rádio e da TV atuais. Você vem com a gente ou vai ficar aí de *nhenhenhém*?

DENNYS MOTTA CAVALCANTI

DAS QUADRAS DE VÔLEI PARA O RÁDIO

Nascido em 6 de junho de 1978 em São Paulo e criado nas ruas de Utinga, Santo André, Dennys era aquele garoto de bico doce que gostava de andar com o pessoal mais velho da vizinhança, o que lhe rendeu o posto de "caçula", que ocupa até hoje entre os amigos do *Encrenca* e do *Quem Não Faz Toma*. Embora fosse bom

Dennys e seu filho, Nicolas.

Dennys e sua esposa, Brunella.

de papo, sua saúde fragilizada pela bronquite não acompanhava sua disposição para contar histórias, o que fez Dennys buscar no vôlei uma vida saudável. E o cara não jogava pouco não, viu? Aos 13 anos, acabou sendo chamado para jogar na Pirelli, grande time de vôlei da época, mas acabou abandonando o esporte pela necessidade de trabalhar. De panfleteiro a "rapaz que sabe mexer no computador", Dennys passou por diferentes profissões até arranjar trabalho em uma agência de publicidade, onde teve seu primeiro contato com o universo do rádio ao envolver-se com rádios comunitárias. A partir daí, camarada... foi um caminho sem volta. Dennys passou a organizar festivais de música em Santo André, e com o pontapé inicial do hoje *tour manager* do Capital Inicial, Binho Modolo, entrou para a gravadora Abril Music. O menino bom de conversa ainda ia longe...

Quando você realizar uma festa de aniversário e precisar de alguém para encher as bexigas de forma assustadoramente rápida e eficiente, não hesite em chamar o Dennys. O cara se tornou mestre nesta milenar arte por recomendação médica; devido aos problemas respiratórios, seu médico recomendou uma fisioterapia caseira segundo a qual era necessário encher bexigas para ganhar fôlego.

AMIZADE ENTRE DIVULGADOR E CARA DO RÁDIO? PODE, SIM!

Na recém-aberta Abril Music, Dennys tornou-se parte de seu primeiro time de divulgadores – profissionais de gravadoras que vão para a rua com *singles* de artistas debaixo do braço para levá-los às rádios e fazê-los estourar nas paradas. É nessa época que, organizando um festival de música para o extinto parque de diversões Playcenter, Dennys conhece Tatola. Calma, Tatola! A gente vai contar nas suas palavras como foi: "Eu era diretor na Brasil 2000 e levantava na rádio a bandeira da modernidade e inovação do rock, e isso fez com que o Dennys a considerasse ideal para promover o evento. Daí, certo dia, estou lá na rádio e recebo esse cara cheio de papo tentando me convencer que o bagulho era bom. Eu olhei para aquele sujeito e pensei: 'Você é folgado pra c@$@&%$, todo cheio de história, esquisito. Gostei de você'. Foi assim que topei a parada do festival, e foi assim que nos tornamos amigos".

Muitas gravadoras iriam rolar, porém, antes que tal amizade desse origem ao *Quem Não Faz Toma* e, mais tarde, ao *Encrenca*.

ELES POR ELES

DENNYS POR RICARDINHO

O Dennys é aquele cara atrapalhado. Você pode confundir isso com burrice, mas é justamente o contrário: ele é um dos caras mais inteligentes que conheço. Ele fala coisas que ninguém consegue entender... Mas o que importa é que ele entende.

TOCA O NOSSO SOM AÍ QUE TU ME FAZ FELIZ!

Abril Music, Trama, Rocket, Roadrunner, Universal, Arsenal, Sum Records... Ufa! Parece até a lista de bandas de um festival de rock, mas estamos falando das principais gravadoras que fizeram parte da carreira de Dennys. Nesses anos de estrada como divulgador e, no caso da Sum Records, gerente nacional de divulgação, Dennys esteve envolvido com o lançamento de bandas nacionais como CPM 22, NX Zero, Fresno e Hateen, e de artistas internacionais em território brasileiro como Maroon 5, Gwen Stefani, The White Stripes, Slipknot e Timbaland. Nessa posição, também chegou a trabalhar diretamente com artistas como Ivete Sangalo, Sandy & Junior e Zeca Pagodinho, abrindo em 2008 seu próprio escritório de divulgação, chamado King Art. Foi por meio dessa vida tão ligada às rádios que conheceu os amigos Ricardinho e Angelo, e num determinado dia...

JÁ ESTÁ QUERENDO SABER COMO *ESSA* HISTÓRIA COMEÇA? VAI TER QUE ESPERAR, CHEFIA!

ANGELO ADELINO DE CAMPOS

O MENINO QUE RESPIRAVA FUTEBOL

No dia 25 de fevereiro de 1977, nascia Angelo, um garoto sossegado e de bem com a vida desde o berço. Angelo cresceu no bairro de Vila Nova Cachoeirinha, em São Paulo, e entre quatro irmãos viveu uma infância cercado de amigos e de futebol. O esporte esteve tão presente em sua infância e juventude que o tornou, ao mesmo tempo, torcedor e jogador de clube; enquanto integrava aquela trupe de jovens que pintavam campos de futebol na rua para jogar, era também o jogador das categorias de base de um time de futebol profissional, pelo qual atuou dos 9 anos até o final da adolescência.

> “Hoje em dia é o maior banheirista.

TATOLA

O time? Bem, não era o seu tão benquisto São Paulo Futebol Clube, mas essa história a gente só conta mais tarde, no capítulo sobre futebol. Tudo o que vocês precisam saber agora é que o futuro de Angelo no futebol pode não ter dado muito certo, mas, com a criatividade tão bem exercida dentro e fora da sala de aula, ele se tornou publicitário e encontrou sua verdadeira vocação no mundo da música.

O SOM AO REDOR

O empurrão de Angelo no universo musical foi dado por Vitão, um amigo de infância que o indicou para uma vaga na rádio Transamérica. Angelo trabalhou durante um ano como estagiário de promoção até ser chamado pela gravadora EMI Music para fazer promoção em todas as rádios e divulgação dos artistas. A primeira prova de fogo como divulgador ele nunca esquece: chamado a uma audição para escolher a música que lançaria o Natiruts às paradas de sucesso, Angelo optou por *Presente de um Beija-Flor* (1998) entre as 12 canções disponíveis, realizando a divulgação que alçou a banda ao *mainstream*. Foi nessa

Angelo com sua esposa, Fernanda, e seu filho, Murilo.

Seu Alcides, pai de Angelo.

Angelo com os amigos no colégio.

época que Angelo teve seu primeiro contato com Dennys, "aquele cidadão de cabelo vermelho e brincos que mais parecia o Pica-pau", e Ricardinho, de quem acredita não ter atraído a simpatia logo de cara quando fazia suas divulgações na rádio 89 FM.

RICARDINHO

Que nada! Adorei você. Um dos caras mais gente boa que já conheci. "

" Eu te trouxe Iron Maiden todo empolgadão e você só disse: "tá bom, obrigado"!!!!!!!!

ANGELO

Eu estava trabalhando! "

ELES POR ELES

ANGELO POR DENNYS

Angelo é o cara que todo mundo gosta, extremamente gente fina. E é também um coração mole dos infernos.

Com o passar do tempo, Ricardinho chamou Angelo para jogar no time de futebol da rádio, e ele acabou conhecendo Tatola. E aí, meus caros, a panelinha estava formada.

UMA TRILHA DE SUCESSOS

No trabalho como divulgador, Angelo traz em seu histórico o lançamento de novos artistas que ainda não tinham espaço na mídia, como Felipe Dylon e Jorge Vercillo. Em relação aos demais artistas nacionais já conhecidos pelo público, Angelo foi o responsável pela divulgação d'Os Paralamas do Sucesso – banda que, diga-se de passagem, é a favorita do rapaz –, Legião Urbana, Marisa Monte, Tribalistas e Fat Family. Entre os gringos, esteve envolvido com o sucesso em terras brasileiras de Coldplay, Radiohead, Arctic Monkeys e Franz Ferdinand. Eis um currículo invejável para quem tem como profissão tirar o sonho de um artista do papel e transformá-lo em realidade – função de grande responsabilidade que Angelo sempre assumiu com o costumeiro sorriso no rosto. Ele também foi sócio em produtora artística, a Double G.

Angelo se autodeclara doente por Paralamas. Isso nos faz somente imaginar a emoção que sentiu quando, na Caminhada 89 pela Paz, foi incumbido de pedir ao vocalista Herbert Vianna que autografasse uma guitarra para levá-la à Rádio Rock. A cereja do bolo foi que Angelo ainda teve a oportunidade de acompanhar seus maiores ídolos no palco. Tá fraco, não!

RICARDO XAVIER DE MENDONÇA

ERA UM GAROTO, QUE COMO EU, AMAVA OS BEATLES E O CORINTHIANS

Às vezes, levamos a vida toda para descobrir do que realmente gostamos. Mas isso deve parecer absurdo para o nosso Ricardinho, que, nascido no dia 18 de maio de 1965 em São Paulo, já sabia no alto de seus 12 anos quais eram as grandes paixões de sua vida: a música, o futebol e o rádio. Sua relação com a última, porém, era de amor e ódio: ao mesmo tempo em que nutria o sonho de trabalhar em uma rádio, se irritava com as estações de sua cidade por nunca tocarem o rock que tanto desejava ouvir. Assim,

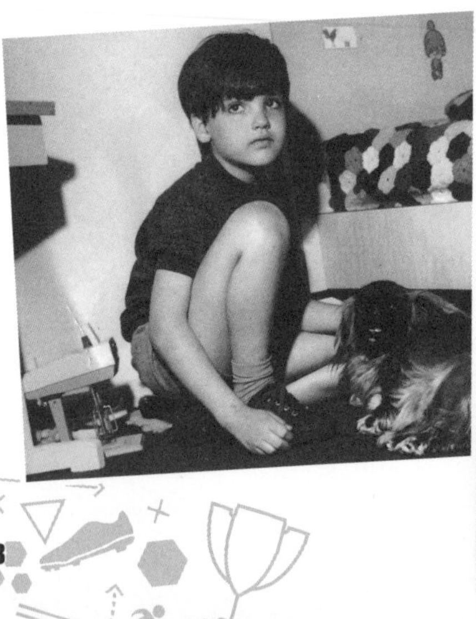

Ricardinho assumiu uma missão pessoal: prestaria faculdade de Comunicação para fazer Rádio e TV e trabalharia em uma rádio que tocasse o que ele queria ouvir. Mal sabia o nosso jovem que sua vontade iria se realizar mais cedo do que ele esperava com a criação de uma tal "89", mas essa história você entende melhor no próximo bloco...

A FANTÁSTICA RÁDIO DE RICARDINHO

Quando cursava Rádio e TV pela FAAP, Ricardinho foi abordado pelo professor Luiz Fernando Magliocca, na época diretor da Rádio Cidade. De olho no caderno cheio de referências ao rock do rapaz, o professor perguntou se ele não se interessaria em trabalhar para uma rádio prestes a ser inaugurada em São Paulo, cujo foco seria a difusão do rock. Foi assim que, em 1985, Ricardinho tornou-se o primeiro estagiário da 89, ao lado de "Paulão" Carvalho, da banda Velhas Virgens, trabalhando para a estação um mês antes de sua estreia. Pouco tempo depois, o rapaz seria contratado como programador musical da Rádio Rock, guardando até hoje a sua *setlist* inaugural do dia 2 de dezembro daquele ano, que incluía hits como *In Between Days* (1985), da banda The Cure, e *No Surrender* (1984), de Bruce Springsteen.

Ricardinho havia, por fim, concretizado o sonho de infância de trabalhar na rádio de seus sonhos.

ROCK EM SOM E IMAGEM

Ricardinho conheceria Tatola, Dennys e Angelo no final dos anos 1980, época que precedeu sua saída da 89. Além de sua passagem pela Rádio Rock, Ricardinho esteve presente em dois momentos

Ricardinho, Rita Palermi e Tatola em Londres.

históricos da emissora americana MTV, da qual era fã muito antes de sua estreia no Brasil. Em sua primeira passagem pelo canal, em 1992, a MTV ainda ostentava uma programação voltada quase inteiramente aos videoclipes, e Ricardinho era um dos responsáveis pela programação. No seu retorno à emissora em 2010, no entanto, Ricardinho já acompanhava os suspiros finais do canal, cuidando das redes afiliadas e da distribuição da MTV pelas TVs por assinatura em detrimento da parte artística. Dentre as demais rádios nas quais Ricardinho trabalhou antes de ocupar-se do *Quem Não Faz Toma* e do *Encrenca* estão a Alpha FM, a Transamérica e a Jovem Pan, onde exerceu a função de supervisor da rede e afiliadas.

Ricardinho e Tatá, sua esposa.

ELES POR ELES

RICARDINHO POR TATOLA

Ricardinho é o mais sério do grupo, o mais organizado. Estou falando do cara mais honesto que já conheci na vida, e sincero até demais. É mal-humorado? Sim, mas sua rabugice o torna um cara muito divertido.

JOÃO CARLOS GODAS

LIKE A ROLLING STONE

"Na minha vida, nada foi programado", diz Tatola. Mas mesmo alguém levado pelos acasos do destino não vai tão longe se o talento e a disposição para se adaptar ao novo não o acompanharem, como nos mostra a história do cara que viria a se tornar o porta-voz do rock no Brasil.

Tatola nasceu no dia 4 de setembro de 1963, em São Paulo, nutrindo desde a infância o fascínio pelo futebol e pelo rock. O jovem sonhava em se tornar jogador de futebol, e o talento com a bola o levou às categorias de base do Palmeiras, ao Juventus, ao Paulista de Jundiaí e ao Bragantino. Quando foi chamado para jogar no Marília, porém, Tatola desencanou; longe de casa e diante da perspectiva de passar dias em um alojamento lotado e nada promissor, viu que aquele não era o mundo que desejava adentrar, voltando-se aos estudos.

> "Isso pra mim é conversa, o Tatola devia ser perna de pau mesmo.

RICARDINHO

Já se pegou perguntando por que o Tatola é chamado de Tatola? Pois é, nós também, por isso corremos atrás da resposta para o mistério: o apelido provém de "tato", que significa "irmão mais velho" em espanhol. Como o rapaz gostava de chamar suas "motinhos" de motorolas, não levou muito tempo até que alguém – no caso, a namorada Maghi – juntasse os pontos e passasse a chamá-lo de Tatola.

Nessa época, o rapaz namorava Maghi, que trabalhava como secretária de divulgação da gravadora PolyGram. Um dia, ao buscá-la na porta do trabalho, Tatola viu vários artistas reunidos em uma festa com música no último volume dentro do prédio e pensou: "Eu quero isso para minha vida". Assim, com o pontapé inicial de Moniquinha, amiga de Maghi, Tatola foi chamado para trabalhar na gravadora CBS como divulgador para as rádios de rock. Era seu primeiro emprego de verdade, e o início de uma trajetória em que a música exerceria papel fundamental.

Tatola e Kim, seu filho caçula.

Tatola e a esposa, Vivian.

BORN TO BE WILD

Paralelo ao seu trabalho como divulgador da CBS, Tatola subia nos palcos como vocalista do Não Religião, banda punk integrada pelos amigos Walter, Norberto e Kley. Influenciado por grupos como Ramones e Sex Pistols, o Não Religião ostentava um sucesso nada inexpressivo, considerando a ainda marginal cena roqueira no Brasil, participando tanto de festivais como de programas de TV. Nesse meio-tempo, a 89 convocava Tatola para apresentar um programa voltado ao punk rock chamado "Independência ou Morte", ao lado de Redson, da banda Cólera. Demitido junto com o colega após um "ataque de anarquia" em que ambos emendaram as cartas dos fãs do programa em uma linha e soltaram do prédio da rádio como rabiola de pipa, Tatola voltaria tempos depois à 89 como locutor da rádio.

> **"Enquanto isso, ia fazendo filhos também.**

DENNYS

Com a rotina puxada pelo acúmulo de funções e o chamado para trabalhar durante a semana na rádio, ele abandona seu emprego como divulgador e, aos poucos, sua banda, conquistando no novo trabalho o índice de 270 mil ouvintes por minuto – algo impensável nos tempos atuais, em decorrência da internet, da TV e do aumento no número de emissoras. O período na 89 se encerraria com a autodemissão de Tatola em razão do fim de seu casamento com Renata, uma das donas da rádio. Uma nova etapa de sua vida teria início com dois encontros pra lá de fortuitos em um aeroporto...

ALL STAR

Prestes a embarcar em um voo para Barcelona, Tatola encontra Roberto Maia, então diretor artístico da Brasil 2000, e lhe faz a proposta de transformar a estação em uma "p%$@ rádio". Com tal missão promissora esperando-o na volta ao Brasil, Tatola entra no avião e dá de cara com José Muniz Neto, um dos mais importantes empresários do *showbiz* nacional. Ele não se faz de rogado e conta sua proposta de turbinagem da Brasil 2000, o que faz com que ambos planejem o futuro da rádio na própria viagem. Ao retornar, Tatola entra na Brasil 2000 como diretor artístico e a moderniza, levando-a do último lugar na audiência para o quarto lugar em São Paulo. Após tal passagem emblemática pela rádio, o rapaz aceita o convite para se tornar diretor da Jovem Pan no Rio de Janeiro. Quando retorna a São Paulo, Tatola trabalha por 12 anos como Diretor de Desenvolvimento no Hotel Unique e depois volta à 89 junto dos amigos Angelo, Ricardinho e Dennys para apresentar o *Quem Não Faz Toma*, programa que se tornaria fundamental para a retomada da 89 como a Rádio Rock. Atualmente, Tatola concilia o programa da rádio e o *Encrenca*, da RedeTV, com a liderança da banda de rock Nem Liminha Ouviu.

ELES POR ELES

TATOLA POR ANGELO

O Tatola é um cara capaz de te convencer que um guardanapo é uma barra de ouro. Ele é o nosso conselheiro e, de todo o grupo, o único que é realmente um comunicador. E ele não quer tomar tudo para si por causa disso. Tem cara aí que toma tudo para si...

"Dê nomes, já que você está falando mal!

RICARDINHO

89 A RÁDIO ROCK
QUEM NÃO FAZ TOMA
QUEM NÃO FAZ TOMA

89 A RADIO ROCK
adidas
Grateful Dead
WHITEWATER RAFTING IN THE USA
AC/DC

SÉQUIÇO, DORGAS E ROCK'N'ROLL

INTRODUÇÃO

Rock a gente não explica. Quer apostar? Vai lá e tenta descrever o que é estar em um estádio lotado com aquela banda pauleira ou sozinho no seu quarto imerso nas notas de um solo de guitarra. Não dá, velho. Rock a gente sente, encarna, vive e revive. Rock é a expressão do nosso íntimo, mas também a voz universal de uma juventude que se rebela na linguagem da tríade guitarra, baixo e bateria.

E quem são os amplificadores desse som para além dos palcos? Gente ~~como~~ o Tatola, ~~como~~ o Ricardinho, ~~como~~ o Dennys e ~~como~~ o Angelo...

> “Ninguém come a gente não, irmão!

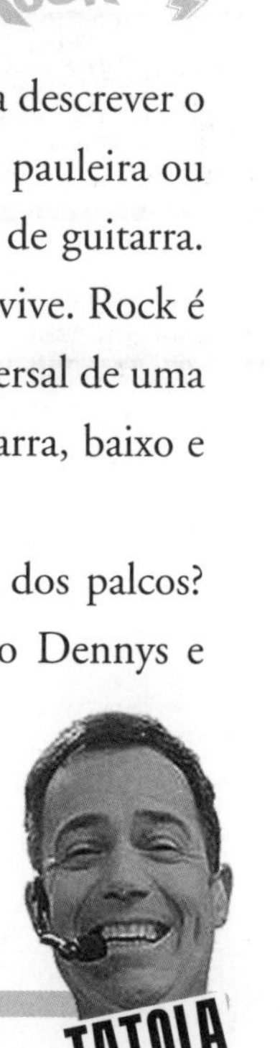

TATOLA

Gente que fez da divulgação do rock seu ofício e nos permitiu, pelas ondas do rádio, encontrar um universo além da viola e do pandeiro. É com a batuta desse quarteto e o conhecimento de causa de Tatola, a voz do rock no Brasil, que iniciaremos nas próximas páginas uma viagem pelo universo do rock'n'roll.

PREPARE-SE: É MUITA HISTÓRIA, MUITA ENCRENCA E

LINHA DO TEMPO

1949

Lançamento de *The Fat Man*, de Fats Domino. A canção é considerada por muitos o primeiro rock'n'roll gravado.

1954

Elvis Presley lança seu primeiro single, composto pelas músicas *That's All Right (Mama)* e *Blue Moon of Kentucky*.

1955

A brasileira Nora Ney regrava a canção *Rock Around the Clock*, marcando o nascimento do rock nacional.

1959

Celly Campello lança a versão brasileira de *Stupid Cupid*, de Neil Sedaka, conquistando o título de mãe do rock brasileiro.

1960

A banda inglesa The Beatles, considerada a maior de todos os tempos, é formada.

DIVULGAÇÃO

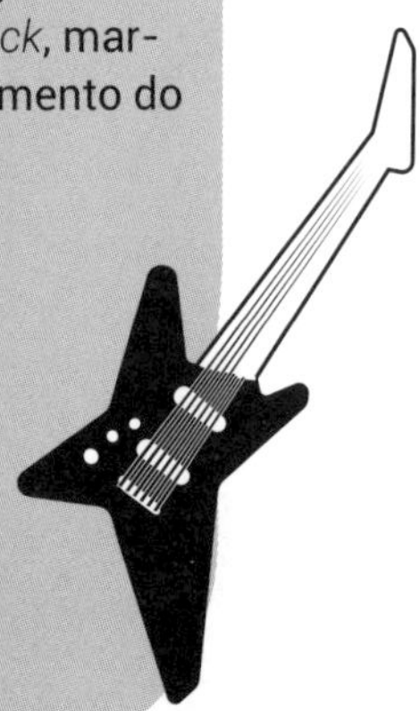

Rock

1962

Em Londres, surge a banda The Rolling Stones. No mesmo ano, Bob Dylan lança nos Estados Unidos seu álbum de estreia, *Bob Dylan*.

DIVULGAÇÃO

1965

A banda britânica Pink Floyd e a americana The Doors são criadas.

1967

Os americanos Jimi Hendrix e Janis Joplin são alçados ao posto de estrelas do rock. No mesmo ano, o inglês David Bowie lança seu álbum de estreia, *David Bowie*.

1968

Na Inglaterra, surgem as bandas Led Zeppelin e Black Sabbath. No Brasil, Os Mutantes lançam seu primeiro álbum, *Os Mutantes*.

1969

Realização do Woodstock, considerado o festival de rock mais famoso de todos os tempos. Creedence Clearwater Revival, The Who, Janis Joplin e Jimi Hendrix foram alguns dos artistas que integraram o evento.

1970

Formação da banda inglesa Queen e da americana Aerosmith.

1972

Raul Seixas lança *Let me Sing, Let me Sing*, seu primeiro sucesso nacional.

DIVULGAÇÃO

1973

A banda americana Kiss e a australiana AC/DC são formadas. No mesmo ano, Bruce Springsteen realiza seu primeiro show.

1974

Em Nova York, surgem as bandas Ramones e Blondie.

TATOLA

“Aqui a coisa fica boa demais!”

DENNYS

“Fica melhor ainda em 78, olha lá.”

1975

Em Londres, são formadas as bandas Sex Pistols e Iron Maiden.

1976

Criação da banda inglesa The Clash.

DIVULGAÇÃO

1978

Na Irlanda, é formada a banda U2.

“E Dennys nasce.”

DENNYS

1981

O canal MTV surge nos Estados Unidos, revolucionando a relação entre o público e a música. No mesmo ano, Cássia Eller inicia sua carreira e a banda Barão Vermelho é formada.

1982

Legião Urbana e Titãs se apresentam pela primeira vez.

DIVULGAÇÃO

1983

Nos Estados Unidos, Jon Bon Jovi desponta como *rock star*. No mesmo ano, o Metallica lança seu primeiro álbum, *Kill 'em All*. No Brasil, a banda Os Paralamas do Sucesso é formada.

1984

Em São Paulo, é criada a banda Não Religião, que traz Tatola como vocalista.

TATOLA

“Dia mais importante da história do punk, fala aí, Ricardinho.”

“P$#% M%$#@, os caras enchem a cara antes de escrever.”

RICARDINHO

1987

A banda americana Guns N' Roses lança seu álbum inaugural. No mesmo ano, surge no Brasil a banda Raimundos.

1994

Edição comemorativa aos 25 anos do festival de Woodstock é realizada nos Estados Unidos, trazendo bandas como Nine Inch Nails e Green Day. No mesmo ano, o grupo americano Foo Fighters é formado.

1992

Surgimento da banda Charlie Brown Jr.

1991

A banda Oasis é criada em Manchester, Inglaterra. O Sepultura grava o álbum *Arise*, tornando-se uma das bandas de thrash/death metal mais elogiadas da época.

1990

Nos Estados Unidos, é formada a banda Pearl Jam.

DIVULGAÇÃO

1989

A banda americana Nirvana lança *Bleach*, seu álbum de estreia.

1998

Nos Estados Unidos, surge a banda The Strokes.

1999

Lançamento de *The White Stripes*, álbum de estreia da banda americana homônima.

2000

A banda americana Linkin Park e a britânica Coldplay lançam seus álbuns inaugurais, respectivamente *Hybrid Theory* e *Parachutes*. No mesmo ano, é criada a banda paulista The Unplay, trazendo Ricardinho como vocalista.

RICARDINHO

“Antes que alguém fale alguma coisa, eu mesmo falo: é a pior banda do mundo.”

2001

A banda The Killers é formada em Las Vegas.

2007

Surgimento da banda britânica Mumford & Sons.

2012

A banda Alabama Shakes lança *Boys & Girls*, seu álbum de estreia.

2011

Surgimento da banda paulista Nem Liminha Ouviu, liderada por Tatola.

TATOLA

Nem Liminha Ouviu > Beatles!

DENNYS

“Vão ficar rabiscando o livro todo agora?”

TATOLA

Eu vou, Dennys, o livro também é meu. PALMEIRAS CAMPEÃO!

ANGELO

“Deixa pra lá, ele não pode escrever que tem MUNDIAL MESMO.”

2008

Nos Estados Unidos, é formado o grupo Imagine Dragons.

ESSE ROCK'N'ROLL É FEITO DO QUE MESMO, HEIN?

De uma *pá* de coisa boa: rhythm and blues, música country, jazz, boogie-woogie, folk, gospel e aquela pegada de blues raiz.

MAS O QUE DIABOS SIGNIFICA ROCK'N'ROLL?

"Rock and roll" significa, em bom português, "balançar e rolar". Mas num português ainda mais claro, se é que você me entende, significa exatamente aquilo que você está pensando. Esta era, afinal, a forma como os negros americanos se referiam ao rala-e-rola no começo do século XX.

E agora você nos pergunta: mas como é que essa expressão virou o nome do estilo musical? Ora, essas palavrinhas já povoavam as letras de rhythm and blues lá nos Estados Unidos, mas tinham assumido um sentido extra: dançar. Como esse gênero foi fundamental no desenvolvimento do rock como um estilo próprio, que se caracterizava pelo ritmo dançante, lascivo e rebelde, bastou ao DJ americano Alan Freed ligar suas anteninhas e captar no ar aquela expressão para batizar o som que fazia a cabeça e o corpo dos jovens nos anos 1950.

O ROCK AO LONGO DAS DÉCADAS

OS ANOS 1950

Para conhecermos as origens do rock, precisamos antes entender o mundo que deu origem a ele. Os Estados Unidos do pós-guerra era um país a todo vapor, e seu crescimento econômico e populacional criou nos anos 1950 uma geração de jovens ávidos por consumirem de tudo – desde carros até música. E qual era o som que se encaixava direitinho nessa nova geração frenética? O tal do rhythm and blues, um estilo musical inovador produzido pela população negra – a mesma que sofria forte discriminação racial no país. As tensões raciais desse período se refletiriam no nascimento de uma nova música proveniente do rhythm and blues; enquanto este era apropriado por cantores brancos para se tornar mais "palatável" para as massas, gente como o DJ Alan Freed se negava a "branquear" aquele som, abrindo espaço nas rádios para os cantores negros. Desse caldeirão, no qual os artistas brancos depositaram a contribuição também fundamental do country, nasceu o rock'n'roll, transgressor desde o início por peitar as questões raciais e traduzir a ebulição daquela nova geração por meio de astros como Elvis Presley, Chuck Berry, Fats Domino e Little Richard.

TOP 5

RICARDINHO

1º Elvis Presley
2º The Beatles
3º Oasis
4º Led Zeppelin
5º The Police

No Brasil, o nascimento do rock'n'roll se daria pela voz de Nora Ney, cantora de samba (!) que regravou a canção *Rock Around the Clock*, de Bill Haley & His Comets, em 24 de outubro de 1955. Com o sucesso da música nas paradas do Brasil, o rock'n'roll nacional se caracterizaria neste início pelos covers de hits norte-americanos, estratégia que lançaria ao estrelato artistas como Sérgio Murillo e Celly Campello, considerados "rei e rainha do rock brasileiro" e precursores da Jovem Guarda.

OS GRANDES ÍCONES

ELVIS PRESLEY

O "Rei do Rock" ganhou tal alcunha por duas razões simples: o grande alcance vocal, que tornava sua música envolvente, e seu jeito rebelde, provocativo e rebolativo demais para os padrões da sociedade americana.

Para mais informações, consulte o álbum *Elvis Presley* (1956).

FATS DOMINO

Pioneiro do rock, Antoine "Fats" Domino Junior consagrou-se por suas contribuições em termos de boogie-woogie, blues e rhythm and blues ao gênero, tendo sua popularidade nos anos 1950 ultrapassada apenas por Elvis. Para mais informações, consulte o álbum *This is Fats Domino!* (1956).

CHUCK BERRY

Mesclando o country ao blues, Charles Edward Anderson Berry se uniu ao panteão de artistas criadores do rock, sendo eleito pela revista *Rolling Stone* o sétimo melhor guitarrista do mundo.
Para mais informações, consulte o álbum *Chuck Berry is on Top* (1959).

CELLY CAMPELLO

Célia Birilli Campello encantou o Brasil dos anos 1950 com seu rock tão ingênuo e romântico quanto sua própria personalidade, fazendo sucesso por meio de covers de hits americanos como *Stupid Cupid* (1958) e *Itsy Bitsy Teenie Weenie Yellow Polkadot Bikini* (1960).
Para mais informações, consulte o álbum *Estúpido Cupido* (1959).

OS ANOS 1960

Se os anos 1950 foram a década de ascensão do rock, os anos 1960 se caracterizam pela consolidação desse fenômeno cultural. É nesse contexto que surgem os Beatles, banda que iria popularizar e definir o rock como um estilo transformador, capaz de influenciar não só a música de então e das próximas décadas, mas o próprio comportamento da juventude. Com a semente ideológica que o rock germinava desde os anos 1950 devido às questões raciais, o som assume-se como uma forma de contestação dos valores da sociedade, servindo de meio para os protestos contra o belicismo americano, para a revolução sexual e para a experimentação de drogas. Roqueiros como Bob Dylan, Janis Joplin e Jimi Hendrix tornaram-se, assim, ídolos dessa geração, por emprestarem à sua música o espírito de seu tempo.

Enquanto isso, mais ao sul, quem fazia as vezes de "representante do rock brasileiro" era a Jovem Guarda, um grupo de artistas liderados por Roberto Carlos, Erasmo Carlos e Wanderléa que, por utilizar a televisão como mídia, seguiu a linha de um rock menos politizado e mais açucarado para se tornar um fenômeno comercial. Na contramão dessa pegada alienante da Jovem Guarda, artistas como Caetano Veloso, Tom Zé e Os Mutantes alinharam-se ao rock americano e seu caráter engajado, explorando o estilo como forma de protesto social e contra a ditadura militar que assolava o país.

OS GRANDES ÍCONES

THE BEATLES

O quarteto formado por John Lennon, Paul McCartney, George Harrison e Ringo Starr transformou a história da música por adicionar ao rock, dentre tantas inovações, elementos da música clássica e do folk, tornando-se o grupo musical mais consagrado da História.

Para mais informações, consulte o álbum *Sgt. Pepper's Lonely Hearts Club Band* (1967).

THE ROLLING STONES

Os Rolling Stones, formados em julho de 1962, são a mais antiga banda de rock em atividade. Com seu estilo ácido e altamente inspirado pelo blues, eles se tornariam símbolo da rebeldia juvenil da década de 1960.

Para mais informações, consulte o álbum *Let It Bleed* (1969).

BOB DYLAN

Ícone da contracultura, Robert Allen Zimmerman é um músico de folk rock que sintetizou em suas canções a atmosfera efervescente dos anos 1960. A força poética de suas letras rendeu ao artista o Prêmio Nobel de Literatura de 2016.

Para mais informações, consulte o álbum *Highway 61 Revisited* (1965).

OS MUTANTES

A banda formada por Rita Lee, Arnaldo Baptista e Sérgio Dias caracterizou-se pelo psicodelismo com forte influência dos Beatles e pelo experimentalismo com elementos musicais brasileiros, estabelecendo-se como um marco na história do rock nacional.

Para mais informações, consulte o álbum *Os Mutantes* (1968).

OS ANOS 1970

Os anos 1970 representam para o rock uma era de várias ramificações, dentre as quais se sobressaem o rock progressivo, o hard rock e o punk. Diante de uma geração mais amadurecida em relação ao estilo, alguns roqueiros passaram a buscar inspiração na música erudita e no jazz para criar composições mais complexas. Tais composições eram também influenciadas pelo uso de drogas psicodélicas, o que daria origem ao rock progressivo, imortalizado por bandas como Pink Floyd e Jethro Tull. O hard rock, por sua vez, caracterizou-se por um som que ia na contramão do "paz & amor" dos hippies e da erudição do progressivo; com melodias pesadas e letras cruas, o estilo influenciado pelo blues teria entre seus principais expoentes as bandas Black Sabbath, Led Zeppelin e Deep Purple. Já o punk... Bem, o punk não estava nem aí para ninguém; agressivo, "sem firulas" e acelerado, o movimento nascido da classe operária se colocou explicitamente contra o sistema opressor, trazendo como ícones as bandas Ramones e Sex Pistols.

Em terras brasileiras, mesmo com a forte repressão ditatorial, o rock conseguiu sobreviver bebendo das fontes estrangeiras e tendo como principal expoente o baiano **Raul Seixas.** O som de Raulzito era ousado não só por misturar o rock ao baião, mas por trazer letras de conteúdo ora velado, ora bastante explícito sobre a situação política do país e a necessidade de contestá-la. Nesse

Ricardinho foi a vários shows de Raul Seixas, mas sua experiência mais marcante com o roqueiro se deu fora dos palcos. Em um belo dia na Galeria do Rock, o ainda moleque Ricardinho entrou em uma loja e encontrou Raulzito, na época já famoso, de sunga, camisa e gravata olhando despreocupadamente alguns discos. Naquela hora, Ricardinho teve certeza de que Raul não falava da boca para fora quando cantava: "Faz o que tu queres, há de ser tudo da Lei".

TEATRO "A HEBRAICA"
DIAS 01 e 02 de Maio às 21 hs.
Grande Show no Centro Cívico
RAUL SEIXAS
TUTTI-FRUTTI
VERMINOSE
Ingressos na Administração
Rua Hungria, 1000

meio-tempo, Rita Lee assumiu a carreira solo como roqueira e surgiu em cena Ney Matogrosso, com sua psicodélica banda Secos & Molhados, segurando as pontas do rock'n'roll nos Anos de Chumbo e pavimentando o caminho para as grandes bandas do rock nacional nos anos 1980.

OS GRANDES ÍCONES

PINK FLOYD

Considerado um dos grupos mais influentes da história do rock, o psicodélico e progressivo Pink Floyd caracterizou-se pelo experimentalismo de suas composições e o inovador caráter filosófico de suas letras.
Para mais informações, consulte o álbum *The Dark Side of the Moon* (1973).

BLACK SABBATH

Precursora do heavy metal, a banda liderada pelo vocalista Ozzy Osbourne atraiu uma legião de fãs pelo ocultismo de suas letras e a atmosfera igualmente obscura de suas melodias.
Para mais informações, consulte o álbum *Paranoid* (1970).

RAMONES

A banda Ramones, considerada uma das pioneiras do punk, caracteriza-se por músicas propositalmente simples e repetitivas de forte contestação ao sistema vigente, inspiradas pelo rockabilly da década de 1950 e pelo surf rock.
Para mais informações, consulte o álbum *Ramones* (1976).

TOP 5

TATOLA

1º Bad Religion
2º Ramones
3º Arctic Monkeys
4º The Black Keys
5º Nirvana

RAUL SEIXAS

Raul Santos Seixas, por muitos considerado o pai do rock brasileiro, foi um músico cujo interesse por áreas como filosofia, história e literatura o tornou um grande compositor de letras místicas e de forte contestação social. Para mais informações, consulte o álbum *Krig-ha, Bandolo!* (1973).

OS ANOS 1980

A década de 1980 experimentou uma nova revolução em termos de música com a criação da MTV, o primeiro canal pensado para o público jovem, que privilegiava a veiculação de videoclipes, shows e entrevistas com personalidades do meio musical. Com a linguagem pós-moderna de seus gráficos e clipes, a MTV fisgou os jovens pelos olhos, influenciando a maneira como lidavam com a música e seu próprio comportamento.

Nessa época também surge o pós-punk, dotado de uma visão melancólica e sombria do mundo e representado por bandas como Echo & The Bunnymen, U2 e The Cure, enquanto na direção contrária surge o rock mais dançante do new wave, encabeçado por nomes como The Police, Blondie e **Rod Stewart**. O hardcore, por sua vez, mantém a força na década de 1980

Quando Rod Stewart passou o Carnaval de 1978 no Rio de Janeiro, a canção *Taj Mahal*, de Jorge Ben Jor, tocava por todo lugar. Pouco tempo depois, o britânico lançou *Da Ya Think I'm Sexy?*, que viria a ser acusada de plágio da canção do brasileiro. O processo culminou com Rod Stewart doando os lucros da música para a Unicef e confessando que o hit lhe parecia um tanto "amaldiçoado".

Se era ou não, não sabemos, mas uma coisa é certa: quando Ricardinho viajou para a Índia em 2017 e encontrou Rod Stewart peregrinando por lá, ficou morrendo de vontade de perguntar se o cantor tinha pedido desculpas pelo plágio. Olhe para a foto e tire suas conclusões: ele estava ou não a ponto de soltar o verbo?

por meio de bandas como Dead Kennedys e Black Flag, ao passo que ascende no cenário musical o heavy metal, com Iron Maiden e Def Leppard.

No Brasil, os anos 1980 representam a década de ouro do rock nacional. O fim da ditadura militar, a abertura democrática e a influência de correntes internacionais como o pós-punk e o new wave resultam em bandas de rock com letras de forte teor político e som mais pesado, como Barão Vermelho, Os Paralamas do Sucesso, Titãs e Plebe Rude. Ao mesmo tempo, o Brasil também é palco da primeira edição daquele que é considerado o maior festival de música do mundo, o **Rock in Rio**. O grandioso evento concebido em 1985 por Roberto Medina teve como inspiração o lendário Festival de Woodstock e reuniu em sua estreia ícones do rock internacional, como Queen, Iron Maiden, AC/DC e Ozzy Osbourne.

DIVULGAÇÃO

A dupla Ricardinho & Tatola nunca perdeu uma edição do festival e o primeiro Rock in Rio eles nunca esquecem: enquanto o Ricardinho passou a manhã pós-primeiro show tostando sob o sol do Rio de Janeiro e procurando abrigo em um shopping para dormir sem correr o risco de fritar, Tatola torrou três meses de salário como caixa de banco para ver todos os shows. E se você perguntar a eles se valeu a pena, os dois abrirão aquele sorrisão de moleque que já diz tudo...

OS GRANDES ÍCONES

THE CURE

O grupo liderado pelo vocalista Robert Smith é um dos maiores ícones do pós-punk dos anos 1980. De inspiração gótica, a banda reúne canções que variam entre melodias sombrias e sons de pegada pop.

Para mais informações, consulte o álbum *The Head on the Door* (1985).

TOP 5

ANGELO

1º Os Paralamas do Sucesso
2º Oasis
3º Franz Ferdinand
4º Pearl Jam
5º O Rappa

BLONDIE

Liderada pela vocalista Deborah Harry, a banda é uma das desbravadoras dos estilos punk e new wave, caracterizando-se também por assimilar em suas canções características da música pop e disco.

Para mais informações, consulte o álbum *Autoamerican* (1980).

OS PARALAMAS DO SUCESSO

A banda formada no Rio de Janeiro e encabeçada pelo vocalista Herbert Vianna consagrou-se no rock brasileiro da década ao assimilar em sua música elementos do estilo reggae e uma sonoridade latina.

Para mais informações, consulte o álbum *Selvagem?* (1986).

LEGIÃO URBANA

A banda liderada por Renato Russo alcançou o panteão das mais importantes da história do Brasil por conta de suas letras poéticas, que captavam os desejos e anseios da juventude da época.

Para mais informações, consulte o álbum *As Quatro Estações* (1989).

Falando de Legião Urbana, é sempre bom lembrar da vez em que o Dennys quase matou o Dado Villa-Lobos, ex-membro da banda. Calma, vamos explicar: quando Dennys trabalhava para a gravadora Rocket, da qual Dado era sócio, precisou levar o chefe a algumas rádios na avenida Paulista, em São Paulo. Após o expediente, Dado pediu que Dennys o levasse à Galeria Ouro Fino, mas como nosso rapaz estava sem dinheiro para o estacionamento, deixou o carro a milhares de quadras do local. Dado, suando em bicas, quase não resistiu à subida, e somente então Dennys descobriu que o chefe tinha diabetes – o que também explicava por que, mais cedo naquele dia, ele havia aplicado uma seringa no braço.
O que Dennys achou que eram drogas era, na verdade, insulina. P$#%@, Dennys!

OS ANOS 1990

O grande acontecimento do rock nos anos 1990 não vem de cidades emblemáticas como Liverpool, Londres ou Nova York, mas da pacata Seattle, nos Estados Unidos. É lá que se origina o movimento grunge, formado por jovens entediados e avessos aos padrões vigentes na sociedade. Essa corrente *underground*, inspirada pelo punk, o metal e o indie rock, cujos representantes caracterizavam-se por uma aparência propositalmente desleixada, teve como ícones máximos a banda Nirvana e seu emblemático vocalista Kurt Cobain, que conduziram o movimento ao *mainstream* e influenciaram milhões de jovens em termos de música e comportamento. Ao mesmo tempo que o grunge ditava os rumos do rock com a batuta do Nirvana e de bandas como Pearl Jam e Alice in Chains, outras correntes se sobressaíam ao dialogar com estilos até então estranhos ao rock, como o hip-hop, no caso de Red Hot Chili Peppers e Beastie Boys, e o funk, a exemplo de Rage Against the Machine e Living Colour. Na Inglaterra, por sua vez, a corrente dominante era o britpop, estilo conduzido por bandas como Oasis e Blur, que resgatavam o rock dos anos 1960, o glam rock e o punk.

No Brasil, o cenário do rock é transformado pela chegada da MTV, detentora de um papel fundamental na divulgação das novas bandas de rock brasileiras, que, por

TOP 5

DENNYS

1º Bob Marley
2º Faith No More
3º Beastie Boys
4º Racionais MC's
5º Queens of the Stone Age

Porque rock é atitude, não só riff de guitarra.

DENNYS

sua vez, dialogavam tanto com estilos musicais estrangeiros quanto com os regionais. Entre os principais sons do período, destacam-se o rock com ares de reggae do Skank, o "forróck" dos Raimundos e o metal com influência de ritmos africanos e indígenas do Sepultura. O período também foi palco de notáveis oposições; enquanto bandas como Charlie Brown Jr. e O Rappa priorizavam músicas de teor político, outras assimilavam a condição *mainstream* que o rock adquiriu ao longo dos anos no país e aproximavam seu estilo da MPB, abrindo mão do caráter contestador, a exemplo do Los Hermanos.

OS GRANDES ÍCONES

NIRVANA

Precursora do estilo grunge que dominou a cena musical dos anos 1990, a banda liderada pelo vocalista Kurt Cobain misturava elementos do heavy metal e do punk com melodias "sujas" pelo som distorcido das guitarras.
Para mais informações, consulte o álbum *Nevermind* (1991).

No festival Hollywood Rock de 1993, em São Paulo, muitos fãs do Nirvana acreditam que a banda realizou o pior show de sua história. Ricardinho, porém, pensa diferente, e explica por que com uma história dos bastidores contada por João Gordo: quando Kurt Cobain descobriu que o "Hollywood" no nome do festival não tinha nada a ver com cinema, mas com o nome de uma marca de cigarros, ficou p&%$ da vida e decidiu que sabotaria sua apresentação. Kurt fez de tudo: tirou as calças no palco, tocou Duran Duran... Tal atitude, que invocava o espírito desregrado do rock, foi o que tornou essa performance a maior na história da banda, para Ricardinho e muitos fãs mundo afora.

RED HOT CHILI PEPPERS

Embora influenciada especialmente pelo gênero hip-hop, a banda californiana liderada pelo vocalista Anthony Kiedis assimila ao seu rock elementos do funk, punk, rock psicodélico e metal.
Para mais informações, consulte o álbum *Blood Sugar Sex Magik* (1991).

SKANK

Banda mineira formada em 1991 e encabeçada por Samuel Rosa, o Skank se destaca como um dos principais nomes do rock brasileiro dos anos 1990 com seu som que alia elementos da sonoridade jamaicana ao pop nacional.
Para mais informações, consulte o álbum *O Samba Poconé* (1996).

CHARLIE BROWN JR.

O grupo paulista liderado por Chorão assimila influências de hardcore, skate punk e rap, destacando-se no cenário nacional pelas letras de crítica social e pelo apelo à juventude dos anos 1990 e 2000.
Para mais informações, consulte o álbum *Transpiração Contínua Prolongada* (1997).

OS ANOS 2000

Uma nova revolução marca o cenário da música nos anos 2000: a popularização da internet. Sem a necessidade de uma gravadora para lançar álbuns, as bandas independentes podiam usar redes como o MySpace para fazer sua música chegar ao público, que, por sua vez, já não dependia mais da TV ou da rádio para ouvir seus artistas preferidos. Tal universo de possibilidades aberto pela internet propiciou a reinvenção do rock, que então perdia espaço para gêneros como o pop e a música eletrônica. Dentre as principais bandas provenientes desse cenário estão My Chemical Romance e Simple Plan, ambas dotadas de um estilo romântico voltado ao público adolescente que se convencionou denominar emocore. Ao mesmo tempo, outras bandas também independentes ganharam espaço no *mainstream*, tomando como inspiração o rock dos anos 1960, a exemplo de The Strokes, The White Stripes e Arctic Monkeys. Na esfera do hardcore, Green Day foi um dos principais ícones nesse início de milênio, enquanto o new metal foi encabeçado por grupos como Slipknot e System of a Down e o pop rock, pelo Coldplay.

No Brasil, as tendências estrangeiras alinharam-se não só em termos dos estilos em voga, mas também em decorrência da abertura de espaço para as bandas independentes proporcionada pela internet, como no caso das bandas Detonautas e Cansei de Ser Sexy. No cenário emocore, destacaram-se NX Zero e Fresno, ao passo que bandas gaúchas como Bidê ou Balde e Cachorro Grande seguiram a mesma linha dos Strokes e White Stripes ao beberem da fonte dos Beatles e afins. No âmbito do hardcore brasileiro, os grupos CPM 22 e Dead Fish tornaram-se os principais representantes, enquanto o pop rock teve como protagonista a baiana Pitty.

OS GRANDES ÍCONES

THE WHITE STRIPES

Formada pelo vocalista/guitarrista Jack White e pela baterista Meg White, a banda despontou como um dos maiores nomes do rock no início do milênio por suas composições de influência folk, punk e country.

Para mais informações, consulte o álbum *Elephant* (2003).

COLDPLAY

Criado em 1996 pelo vocalista Chris Martin e o guitarrista Jonny Buckland, o grupo se destaca pelo seu rock alternativo de pegada pop e pelo formato festivo de seus shows.
Para mais informações, consulte o álbum *Viva La Vida Or Death And All His Friends* (2008).

CPM 22

Grupo paulista formado em 1995, o CPM 22 tornou-se uma das poucas bandas brasileiras de rock hardcore a fazer sucesso comercial, assimilando também elementos do punk e do emocore.
Para mais informações, consulte o álbum *Chegou a Hora de Recomeçar* (2002).

PITTY

A banda soteropolitana criada em 2003 e liderada por Priscilla Novaes Leone destaca-se como um dos maiores nomes do rock nacional pela influência pop de suas canções, que também assimilam o metal, o hardcore e o punk.
Para mais informações, consulte o álbum *Admirável Chip Novo* (2003).

MAS E HOJE? QUEM FAZ ROCK BOM?

Muita gente, oras. Em primeiro lugar, tio Tatola sempre nos ensinou que não basta viver do rock do passado; é preciso escutar a galera nova que está aí renovando-o todos os dias. E, como porta-voz do rock brasileiro, ele dá o papo: escute o indie rock de artistas como Alice Merton e Florence and the Machine, dê uma chance ao blues do Alabama Shakes, mas também ao funk e punk do Cage the Elephant. Gosta de folk? Ouça o Mumford & Sons, mas se sua pegada for mesmo o pop dançante, joga o Foster the People no YouTube. Porém, se você quer apenas se divertir, vá a um show-festa do Coldplay. Espera aí! Odeia rock gringo? Corre e escuta os meninos do Supercombo e do Vespas Mandarinas. A onda atual do rock é ser eclético, é ser **Lollapalooza** e Popload Festival. Ou você embarca nesse trem louco que nunca para ou fica para trás.

O festival Lollapalooza, concebido em 1991 pelo líder da banda Jane's Addiction, Perry Farrell, traz como principal característica a pluralidade de rocks das jovens bandas, que engloba como uma maneira de homenagear a própria trajetória do rock ao longo das décadas. Isso o torna a materialização em palco do próprio *Show do Tatola*, que sempre bate na tecla da necessidade de inovação e diversidade do rock. A ligação entre Tatola e o Lollapalooza é de tal forma íntima que o próprio radialista e sua banda Nem Liminha Ouviu são convidados frequentes do festival. Desculpa aí!

TATOLA

Ouça o novo e viva o rock!

Ingressos de alguns dos muitos shows já vistos pelo quarteto!

BEATLES OU STONES?

DENNYS

ROLLING STONES.

TATOLA

SEX PISTOLS! Beatles é arrumadinho, Stones é banda de maloqueiro.

RICARDINHO

BEATLES!

TATOLA! PÔ... tenho vergonha de estar com vocês neste quesito...

ANGELO

STONES, CARA.

TATOLA SOLTA O VERBO: "A MÚSICA MUDA QUANDO A DROGA MUDA"

"Olha aí a trajetória do rock para ver se eu tô mentindo: a droga e a música andam juntas. Nos anos 70 você tem o LSD e as p%$@# das drogas lisérgicas ditando aquele rock progressivo que não acabava mais. Daí, nos anos 80, a droga muda: vem a heroína, aquele barato nervoso que desemboca na pegada *dark* das bandas. Já na década de 90 vem a cocaína, e com ela o grunge, o Nirvana. Nos anos 2000, a balinha toma conta na cena da música eletrônica e resulta no quê? No Barão Vermelho tocando *Puro Êxtase*. Nova droga, novo som."

NÃO É SÓ MICK JAGGER, NÃO! A GENTE TAMBÉM FAZ ROCK

THE UNPLAY

Criada no dia 2 de dezembro de 2000 em uma festa de fim de ano da 89, The Unplay tem como vocalista Ricardinho e é autoconsiderada a pior banda do mundo. Pode até ser ruim, mas ninguém pode acusá-la de não ser divertida; os seus integrantes tocam apenas paródias de rocks da gringa, arrancando risadas de si próprios e da fiel legião de fãs que assistiam aos seus shows no extinto bar Fidalga 33, em São Paulo. Entre os hits da banda estão *A Gente Quer Ibope (Blitzkrieg Bop,* dos Ramones), *A Vaca e o Frango (I Wanna Hold Your Hand,* dos Beatles) e *Tomar um Mé* (*SexyBack*, do Justin Timberlake).

NÃO RELIGIÃO

Tatola foi o vocalista do Não Religião, banda punk criada em 1987 com uma forte pegada política. O grupo, que segundo Tatola tocava em "tudo que era festival e buraco" e dividia o local de ensaio com bandas como Sepultura e Ratos de Porão, repercutiu na televisão especialmente nos programas comandados por Serginho Groisman. A banda lançou um total de três álbuns – *A Verdadeira História de um Brasileiro, Pegaram Jesus pra Cristo* e *Ninguém me Escuta* –, com canções como *Estado de Sítio, Censura Não* e *Igreja Comercial.*

NEM LIMINHA OUVIU

A banda encabeçada e vocalizada por Tatola é uma homenagem às bandas de rock dos anos 1980 que obtiveram pouco ou nenhum sucesso comercial, mas deixaram na história da música nacional um inegável legado de letras e melodias que sintetizaram o espírito de sua época. Entre os grupos que o Nem Liminha Ouviu resgata em suas regravações estão Fellini, Cabine C, Varsóvia, Muzak e Violeta de Outono. Ah, e antes que a gente esqueça: o tal do "Liminha" foi um dos principais produtores de rock da década de 1980. "E ele ouviu o Nem Liminha Ouviu?", você nos pergunta.
Não só ouviu como curtiu.

89 CANÇÕES DE ROCK, 89 SONS QUE MARCARAM NOSSAS VIDAS

1. **ULTRAJE A RIGOR – *NÓS VAMOS INVADIR SUA PRAIA* (1985)**
Sabe qual foi a primeira música a tocar na 89? *Nova Manhã,* do 14 Bis, reproduzida no dia 2 de dezembro de 1985 às 6h da manhã. Mas se você perguntar ao Ricardinho, ele dirá que foi *Nós Vamos Invadir sua Praia.* Tocada às 20h na mesma data, esta foi sua canção inaugural como programador da rádio.

2. **QUIET RIOT – *CUM ON FEEL THE NOIZE* (1983)**
Música boa merece bis, mas muitos ouvintes da 89 devem ter estranhando quando, num belo dia, *Cum on Feel the Noize* tocou por mais de vinte vezes. O motivo? O estúdio da 89 estava pegando fogo... *literalmente.* O locutor Morcegão, que não é bobo nem nada, deu no pé e deixou o Quiet Riot em *loop* como trilha sonora do pandemônio.

3. **RAMONES – *ROCK'N'ROLL HIGH SCHOOL* (1979)**
O baterista **Marky Ramone** estava promovendo uma pimenta com seu nome no Brasil e, na festa de lançamento do produto, **não parava de olhar para o Dennys**. Marky elogiou a camiseta do rapaz, chamou-o de "olhos verdes" e só não fez uma proposta indecorosa porque Brunella, a esposa de Dennys, estava de olho na conversa.

4. PLANET HEMP – *LEGALIZE JÁ* (1995)

Enquanto nenhuma rádio ousava tocar uma música que defendia a liberação da maconha, apenas a 89 mostrava que tinha colh... ops, coragem.

5. CHARLIE BROWN JR. – *NÃO É SÉRIO* (ACÚSTICO) (2003)

A 89 realizou uma promoção em que o ouvinte escolhido podia assistir ao Acústico MTV do Charlie Brown Jr. com um acompanhante e, de quebra, conhecer a banda. Uma garota foi escolhida e levou sua mãe às gravações, mas na hora de conhecer o grupo **Angelo teve de se livrar rapidinho da progenitora**. O motivo? O camarim estava meio... esfumaçado.

6. LEGIÃO URBANA – *A CANÇÃO DO SENHOR DA GUERRA* (1984)

Em protesto contra a Guerra do Iraque em 2003, a 89 reuniu expoentes do rock brasileiro para a regravação da canção composta por Renato Russo. Entre os músicos estava Rodolfo Abrantes, ex-vocalista dos Raimundos. Sem que soubesse, ele gravava mais uma vez com seus antigos companheiros de banda, responsáveis pela parte instrumental da música.

7. O RAPPA – *HEY JOE* (1996)

A canção, cover da *Hey Joe* do Jimi Hendrix Experience, foi tema de **uma campanha da 89 a favor do desarmamento**. Um dos versos mais impactantes da letra diz: "também morre quem atira".

8. TITÃS – *PELA PAZ* (1996)

Pela Paz foi a música-símbolo da "Caminhada 89 pela Paz", evento promovido pela rádio que reuniu mais de 10 mil pessoas em uma caminhada da praça Oswaldo Cruz até a praça Charles Miller, no Pacaembu.

9. NÃO RELIGIÃO – *CORAÇÃO DE PAPEL* (1987)

Um clássico do sertanejo regravado na voz de Tatola, *Coração de Papel* foi a primeira canção de sua banda punk, Não Religião, a tocar na 89.

10. VIOLETA DE OUTONO – *DIA ETERNO* (1987)

Em 1986, os integrantes do Violeta de Outono levaram para a 89 uma fita demo com três músicas da banda. Menos de vinte minutos mais tarde, *Dia Eterno* já estava no ar. Foi a veiculação mais rápida de uma banda independente na história da rádio.

11. LINKIN PARK – *CRAWLING* (2001)

Ricardinho já foi preso por engano. Quem nunca, né? O rapaz estava no estádio do Morumbi com o radialista PH Dragani durante a primeira turnê do Linkin Park no Brasil quando ambos foram rendidos pelos seguranças do show. Expectativa? Pirataria. Realidade? A pobre dupla estava fazendo boletins ao vivo para a 89.

É RIDÍCULO, MAS FAZ SENTIDO!

12. SEPULTURA – *ORGASMATRON* (1991)

Igor Cavalera, ex-baterista do Sepultura, estava na recepção da 89 quando um estagiário perguntou se ele tinha vindo para uma entrevista. Quando Igor respondeu que sim, o estagiário, ainda sem saber quem era o cara à sua frente, entregou a ele uma ficha de inscrição para estágio na 89.

13. BAD RELIGION – *A WALK* (1996)

Na turnê de 2014 do Bad Religion no Brasil, Nem Liminha Ouviu foi a banda de abertura em seis apresentações. **Tatola** é tão fã do grupo que **tascou um beijo** no seu desavisado vocalista, Greg Graffin, no hall de um hotel em Curitiba.

14. TITÃS – *SONÍFERA ILHA* (1984)

O pequenino Dennys ia para a pré-escola no ônibus escolar do Tio Fernando, que o apresentou à primeira música de rock de sua vida: *Sonífera Ilha*. Olhando para trás, Dennys agora tem convicção de que Tio Fernando era muito louco.

15. COLDPLAY – *YELLOW* (2000)

Angelo trabalhava na gravadora do Coldplay e convidou Dennys e Ricardinho para o primeiro show da banda no Brasil. A dupla estava com preguiça de ir, mas Angelo insistiu: "Vocês são meus amigos, precisam me dar essa força". Sorte que a chantagem deu certo: **o trio adorou a apresentação**. Duas palavras para o Coldplay: para béns.

16. DIRE STRAITS – *LADY WRITER* (1979)

Hoje em dia os CDs podem estar ali, meio jogados no canto, mas já foram sinônimo de alta tecnologia. Que o diga o *Programa 89 Radio Laser*, que em 1986 abriu a era da reprodução em CD com *Lady Writer*, enquanto AZINIMIGA se remoíam nos discos de vinil.

17. NIRVANA – *SMELLS LIKE TEEN SPIRIT* (1991)

No dia primeiro de abril de 2003, os ouvintes ávidos por rock'n'roll sintonizaram na 89 e se depararam, chocados, com clássicos disco e da black music. Aqueles que ligaram na rádio para descobrir o que diabos estava acontecendo ouviam uma terrível declaração: a rádio havia sido vendida. Apenas às seis horas da noite, após a reconfortante reprodução de *Smells Like Teen Spirit,* a pegadinha foi revelada para a já desmaiada audiência.

18. MANIC STREET PREACHERS – *A DESIGN FOR LIFE* (1996)

Eis que Tatola e Ricardinho estavam em Londres quando encontraram um cambista munido de tentadores ingressos para o jogo do Tottenham. Assegurados pelo vendedor de que desfrutariam da melhor vista do estádio, a dupla comprou as entradas apenas para se unir às estatísticas dos turistas feitos de besta. Mais tarde naquele dia, ambos foram atrás de ingressos impossíveis para o show da então famosa banda Manic Street Preachers, mas quis o destino que reencontrassem o cambista malandro... do qual acabaram comprando os ingressos do show. Em miúdos: se deram bem, mas se deram mal. Mas se deram bem.

19. OS VIRGULÓIDES – *BAGULHO NO BUMBA* (1997)

Em 1997, Os Virgulóides lançaram um disco que trazia a inusitada combinação entre rock e pagode. *Bagulho no Bumba,* seu maior sucesso, era a música mais pedida e também a mais odiada pelos ouvintes da 89.

20. THE WHITE STRIPES – *SEVEN NATION ARMY* (2003)

Dennys conseguiu, com seu trabalho de divulgação em gravadora, tocar a música de uma banda alternativa nas rádios, orgulhando-se de vê-la se tornar até mesmo hino em estádios. Quando The White Stripes veio ao Brasil pela primeira vez, em 2003, foi Dennys o responsável por cuidar da banda.

21. **LEGIÃO URBANA – *AINDA É CEDO* (1985)**

"Com o Chico da 89 ninguém folga", é o que dizem. Porteiro desde os primórdios da rádio, o simpático senhor já teve em sua lista de "barrados no baile" o próprio Renato Russo. O pobre músico, ainda no início da carreira, chegou à 89 para uma entrevista, mas foi impedido por um Chico categórico: "Ninguém me avisou, não vai entrar". E fim de papo!

22. **CAPITAL INICIAL – *VERANEIO VASCAÍNA* (1986)**

Em 1986, quando a censura ainda era vigente no Brasil, esta canção de crítica à polícia era proibida de tocar nas rádios. A 89, em seu bem conhecido arrojo, ignorou o veto e deixou o protesto rolar.

23. **LEGIÃO URBANA – *FAROESTE CABOCLO* (1988)**

A 89 foi a primeira rádio a tocar esta canção de nove minutos e sem refrão da Legião Urbana. A música se tornaria não só um dos maiores clássicos da banda como do próprio rock nacional.

24. **OASIS – *WONDERWALL* (1995)**

A culpa pelos constantes atrasos de **Angelo** para chegar ao colégio pode ser atribuída aos ingleses do Oasis, pois o rapaz **só entrava na escola depois de escutar** *Wonderwall* nas mais pedidas da 89. Agora, imagina se fosse esperar por *Faroeste Caboclo*...

25. **TOY DOLLS – *NELLIE THE ELEPHANT* (1984)**

Nos anos 1980, era perigoso ir aos shows de bandas punk e hardcore em razão daquela meia dúzia de gatos pingados que só aparecia para brigar. Para se ter uma ideia, no primeiro show do Toy Dolls em São Paulo, que lotou porque a 89 tocava muitas de suas músicas, um imbecil subiu no palco e deu um soco na cara do vocalista, Olga. O grupo ainda tentou continuar o show, mas as brigas no público colocaram fim à apresentação após duas músicas.

26. RAMONES – *PSYCHO THERAPY* (1983)

Tatola é pau para toda obra, inclusive para salvar amigos de uma horda de punks enfurecidos. Na primeira vinda dos Ramones ao Brasil, quando o grupo tocou na extinta casa de shows Palace, Tatola e Kid Vinil foram surpreendidos por um público que acusava o segundo de "trair o movimento" por ter gravado a música *Sou Boy* (considerada uma canção muito pop). O rebuliço culminou com Tatola ajudando Kid Vinil a fugir por um duto do ar-condicionado.

27. TERENCE TRENT D'ARBY – *SIGN YOUR NAME* (1987)

No Hollywood Rock de 1990, realizado no Morumbi, a 89 gravou os shows com um gravador portátil na frente do palco. A gravação de *Sign Your Name* teria ficado perfeita não fosse por um mero detalhe: no meio da canção, é possível ouvir um vendedor gritando "olha a água, olha a água".

28. NAZARETH – *LOVE HURTS* (1976)

No dia 16 de dezembro de 1990, no Ginásio do Ibirapuera, Tatola tocou com o Não Religião no show de aniversário da 89, que tinha como atração principal a banda Nazareth. Até aí, tudo bem, não fosse o irremediavelmente palmeirense Tatola ostentar no palco uma camisa do Corinthians. Ele teve seus motivos: perdeu uma de suas apostas futebolísticas para o Ricardinho, que confiou na vitória corintiana no Campeonato Brasileiro de 1990 contra o São Paulo.

RICARDINHO

Quer ver o Tatola com o manto do timão? Corre na página 109.

29. ECHO & THE BUNNYMEN – *LIPS LIKE SUGAR* (1987)

O vocalista Ian McCulloch fez uma versão acústica deste clássico da banda no estúdio da 89 em 2001 com a cara cheia de caipirinha. **Ricardinho foi seu *personal bartender*** (se é que isso existe) após descobrir o gosto do gringo pela birita.

30. **R.E.M. – *LOSING MY RELIGION* (1991)**

Dennys possui um ódio inexplicável por R.E.M. e *Losing My Religion*, mas basta a música tocar para que ele a cante inteirinha. Só Freud explica.

31. **SKANK – *É UMA PARTIDA DE FUTEBOL* (1996)**

Em uma promoção realizada pela 89, alguns ouvintes da rádio foram convidados para uma partida de futebol contra o Skank. Graças ao talento da equipe do *Quem Não Faz Toma* e dos ouvintes bons de bola, a rádio ganhou de 2 a 0. Vocês deviam ter visto a cara do Samuel Rosa... Estava mais triste que peixe na Semana Santa.

ANGELO

FREGUÊS!!!

32. **RPM – *LONDON, LONDON* (1986)**

RPM fez um cover ao vivo desta canção de Caetano Veloso e enviou para o programa *A Vez do Brasil*, da 89. Com o sucesso da música na rádio, o grupo liderado por Paulo Ricardo lançou logo em seguida um disco ao vivo, que se tornou o mais vendido na época.

33. **PAULO RICARDO – *PÉROLA* (1993)**

Paulo Ricardo pode até ser bom no olhar 43, mas seu papo não convenceu muito o Tatola. Ao reclamar que a rádio não tocava músicas da sua carreira solo, entrou em um arranca-rabo com o radialista, que só não virou luta de boxe pela intervenção divina do "Reverendo" Fabio Massari.

34. **MAMONAS ASSASSINAS – *VIRA-VIRA* (1995)**

A 89 foi a primeira rádio a acreditar na banda, e acabou se tornando a segunda casa do grupo. Essa proximidade com os Mamonas tornou ainda mais profunda a tristeza pela tragédia dos jovens, que morreram em um acidente de avião apenas um ano após seu sucesso nacional, em 1996.

35. NESS - *M.R.O.* (1986)

Esta canção fazia parte do disco *Não São Paulo,* da gravadora independente Baratos Afins. Para alcançar uma qualidade melhor, a gravadora lançou o disco em 45 RPM, embora na época fosse mais usual os LPs serem lançados em 33 RPM. A 89 tocou *M.R.O.* umas três vezes na rotação errada até um filho de Deus descobrir que aquela canção estranha não era assim tão estranha na rotação certa.

36. PLEBE RUDE - *ATÉ QUANDO ESPERAR* (1986)

No show de 20 anos da 89, a rádio realizou um grande encontro com os principais nomes do rock brasileiro. Para o Ricardinho, **um dos momentos mais inesquecíveis do evento** foi ver a banda Plebe Rude, grande nome do rock dos anos 1980, tocar este clássico com Dinho Ouro Preto, Nasi, Dado Villa-Lobos e outros.

37. PREMEDITANDO O BREQUE - *SÃO PAULO, SÃO PAULO* (1983)

Vários ícones do rock brasileiro se reuniram para a gravação desta música em comemoração ao aniversário de São Paulo, incluindo o próprio autor da obra, Wandi Doratiotto. E, não, as semelhanças com *New York, New York,* eternizada por Frank Sinatra, não são mera coincidência.

38. FOO FIGHTERS - *BEST OF YOU* (2005)

Quando o *Quem Não Faz Toma* ainda era apresentado às quartas-feiras à meia-noite, além do habitual horário das 19h, o grupo recebeu a notícia de que a rádio seria arrendada para uma igreja e deixaria de existir. Arrasados com a notícia, **os quatro chutaram o pau da barraca** e, naquela que se esperava ser uma das últimas edições do programa em uma rádio que já não tocava mais rock, entraram no ar à meia-noite com *Best of You* e tocaram rock a pedido dos ouvintes até as três da manhã. Esse episódio se tornou decisivo para a volta da Rádio Rock.

39. SOUNDGARDEN – *THE DAY I TRIED TO LIVE* (1994)

Depois daquela madrugada insana no *Quem Não Faz Toma,* Junior, o dono da rádio, convocou Tatola e sua trupe para repetir a dose no sábado da mesma semana, pois sua intenção era anunciar o retorno da Rádio Rock na internet. A repercussão novamente positiva entre os ouvintes fez Junior brigar com toda a sua família pelo retorno da Rádio Rock. *The Day I Tried to Live* tornou-se, assim, **o símbolo daquele sábado**.

40. AC/DC – *FOR THOSE ABOUT TO ROCK (WE SALUTE YOU)* (1981)

No dia 21 de dezembro de 2012, após seis anos de pop, a 89 volta a ser a Rádio Rock, com as honras de Tatola. E quem marca esse retorno triunfal? Ninguém menos que AC/DC, para o alívio de quem já não aguentava mais aquela **CENSURADO.**

41. R.E.M. – *IT'S THE END OF THE WORLD AS WE KNOW IT (AND I FEEL FINE)* (1987)

Esta canção foi tocada pela 89 no dia 21 de dezembro de 2012, data prevista para ser o fim do mundo. Pois o mundo continuou não só Vivinho da Silva como a Rádio Rock ressurgiu no mesmo dia.

42. SLIPKNOT – *VERMILION (PART 2)* (2004)

Como divulgador, **Dennys** conseguiu colocar esta música para tocar nas rádios – algo difícil para uma banda de metal. Ele **acompanhou o grupo na turnê de 2004** e foi uma das poucas pessoas na época a ver os caras sem suas famosas máscaras.

43. CHARLIE BROWN JR. – *O CORO VAI COMÊ!* (1997)

Quando o pessoal da 89 ouviu pela primeira vez esta música, a empolgação tomou conta da rádio, porque já não se via há muito tempo algo diferente no rock nacional. A excitação foi tamanha que a demo de *O Coro Vai Comê!* foi tocada pela 89 antes de a música ficar pronta, demarcando início da carreira daquela que é considerada por muitos a última grande banda do rock brasileiro.

44. **RAMONES – *I WANNA BE SEDATED* (1978)**
Tem show que a gente não perde por nada. Tá aí o Tatola que não nos deixa mentir: após tocar com o Não Religião no AeroAnta em uma apresentação intencionalmente curta, meteu sebo nas canelas para chegar à casa de shows Dama Xoc a tempo de ver o início do show dos Ramones. Garanto: a corrida não foi curta, não. Loucuras de amor, crianças.

45. **FOO FIGHTERS – *LEARN TO FLY* (1999)**
A 89 realizou uma votação para saber quais as músicas favoritas dos ouvintes em cada ano de sua história, e Foo Fighters foi a banda que mais vezes ficou no topo. Além de *Learn to Fly,* outros títulos escolhidos pertencentes à banda foram *Big Me* (1996), *Everlong* (1997), *My Hero* (1998), *Times Like These* (2003) e *Best of You* (2005).

46. **LED ZEPPELIN – *STAIRWAY TO HEAVEN* (1971)**
Com seus 8 minutos de duração, *Stairway to Heaven* era a escolha por excelência de todo locutor desejoso de dar aquela corrida no banheiro. É, tinha horas que só Led Zeppelin salvava...

47. **BEASTIE BOYS – *NO SLEEP TILL BROOKLYN* (1986)**
No Sleep Till Brooklyn foi, nas palavras de Dennys, **a música que mudou sua vida** e o fez gostar da mistura entre rap e rock.

48. **CHARLIE BROWN JR. – *SÓ OS LOUCOS SABEM* (2010)**
Chorão, vocalista do Charlie Brown Jr., participou do programa *1,89* em junho de 2005, depois da briga com os demais integrantes do grupo. Após o roqueiro dar sua versão dos fatos em entrevista ao Tatola, Champignon, o baixista da banda, ligou para a

rádio pedindo sua participação no mesmo programa. Tatola abriu espaço para Champignon expor o seu lado, o que fez com que Chorão acusasse o radialista de traição.

49. RANCID - *TIME BOMB* (1995)

Anos mais tarde, **Chorão** ouviu esta canção na 89 e levou **o filho para conhecer a rádio** de que tanto gostava. No estúdio, fez as pazes com Tatola e entrou no ar com o *Quem Não Faz Toma*. Esta se tornou sua última entrevista; dois dias depois, Chorão foi encontrado morto em seu apartamento.

50. DEEP PURPLE – *PERFECT STRANGER* (1984)

Deep Purple foi a primeira banda estrangeira a ser entrevistada ao vivo pela 89. Nesse dia fatídico, **Tatola deixou meio mundo com inveja** ao conversar com Ian Gillan, vocalista do grupo e lenda do rock.

51. RONALDO E OS IMPEDIDOS – *O NOME DELA* (1996)

O Nome Dela foi a primeira música de um ex-jogador de futebol a tocar na programação da 89. O Ronaldo em questão era o Giovaneli, ex-goleiro do Corinthians. Agora fica a dúvida: será que o Ricardinho foi o **fundador do fã-clube?**

52. RAIMUNDOS – *SELIM* (1994)

Os Raimundos tocaram esta música ao vivo no show de 10 anos da 89. Ao final da canção, Rodolfo, como o homem grato que é, fez seus agradecimentos... à Transamérica.

53. MARCELO NOVA – *SÓ O FIM* (1986)

Durante uma edição do *Programa de Auditório 89FM*, que ocorria no Teatro Mars e durante a qual se anunciava o patrocínio da marca Nescau, Tatola mandou a seguinte, para pavor do departamento comercial: "Daqui a pouco a gente vai distribuir uns Toddynhos para vocês".

54. IRA – *POBRE PAULISTA* (1986)

Esta música sempre foi uma das mais pedidas pelos ouvintes da 89, mas tanto a rádio como a própria banda deixaram de tocá-la por seu teor preconceituoso.

55. FAITH NO MORE – *MIDLIFE CRISIS* (1992)

Faith No More foi a **banda preferida de Dennys** por muitos anos, mas somente em 2009 ele teve a chance de ver um show do grupo.

TATOLA

"Mentira, a banda favorita dele sempre foi Chiclete com Banana."

56. PUBLIC IMAGE LTD. – *RISE* (1986)

John Lydon tinha um costume peculiar em seus tempos de vocalista do Sex Pistols: cuspir no público. Assim, quando fez um show no Palace com sua banda Public Image Ltd., o público resolveu, digamos, retribuir sua velha gentileza. O rapaz não gostou muito da coisa e saiu do palco três vezes. Tentaram até proibir as cusparadas, mas **quanto mais ele se queixava, mais rajadas atingiam o palco**. Para John Lydon, o jeito foi passar o resto do show cantando do fundo do palco.

57. LITTLE QUAIL AND THE MAD BIRDS – *1,2,3,4* (1994)

A 89 possuía um programa chamado *A Vez do Brasil*, dedicado à divulgação das novas bandas de rock brasileiras. A atração inspirou a criação de um disco, que teve **o repertório definido por Tatola, Ricardinho**, Carlos Eduardo Miranda e Wagner Garcia. A compilação, que conta com este clássico da banda brasiliense Little Quail and the Mad Birds, só não contou com o Raimundos porque a banda havia acabado de assinar contrato com a Warner.

58. JAKE BUGG – *ME AND YOU* (2013)

Tatola não está a passeio quando diz: "Ouça o novo! Viva o rock!". Seu lema da renovação do rock se reflete no espaço que dá aos jovens roqueiros, a exemplo de Jake Bugg, que foi chamado à 89 no alto de seus 17 anos para mandar ver com o violão no ***Show do Tatola***.

59. HOZIER – *TAKE ME TO CHURCH* (2013)

Dennys tem uma certa fixação por *Take Me to Church*, que fica bem clara em suas tentativas dedicadas – e falhas – de cantar a música no *Quem Não Faz Toma*. O lado bom é que ouvintes se sentem até mais à vontade na hora de participar do **"Cantation"** quando escutam o rapaz assassinando a língua do Tio Sam...

60. THE CALLING – *WHEREVER YOU WILL GO* (2001)

No auge do sucesso da banda, a 89 organizou uma apresentação exclusiva para os ouvintes na casa de shows Palace, levando as adolescentes a um delírio coletivo com *Wherever You Will Go*.

61. LIVE – *PAIN LIES ON THE RIVERSIDE* (1992)

Live ainda era uma banda pouco conhecida quando foi chamada pela 89 para gravar uma versão acústica desta canção. Os caras fizeram sucesso – especialmente entre as meninas da rádio – e **Tatola apresentou o show do grupo** na extinta balada AeroAnta.

62. TITÃS – *VOSSA EXCELÊNCIA* (2005)

Em tempos de lamaçal na política, soltar a voz em uma canção de protesto contra a corrupção se torna uma forma de expressão libertadora, como prova o quarteto do *Quem Não Faz Toma*. Quando Paulo Miklos cantou *Vossa Excelência* no estúdio, **os quatro se juntaram ao músico para protestar**, criando um dos momentos mais memoráveis do programa.

63. JOEY RAMONE – *WHAT A WONDERFUL WORLD* (2001)

Toda vez que Joey Ramone vinha ao Brasil, passava uma madrugada discotecando na 89. Em uma dessas vindas, em um dia em que São Paulo estava insuportavelmente quente, Ricardinho surpreendeu Joey Ramone mandando para dentro uma canja de galinha. Punk.

64. RITA LEE - *NOVIÇAS DO VÍCIO* (1985)

Nos anos 1980, Rita Lee aceitou o convite da 89 para fazer um programa semanal. O programa *Radio Amador* tinha de tudo: punk, bolero, poesia e, principalmente, a maior roqueira do Brasil falando o que bem entendesse. Foi a partir dessa atração que as pessoas de fora do mundo do rock ficaram sabendo da existência da 89.

65. MUMFORD & SONS - *I WILL WAIT* (2012)

Quando Tatola tocou *I Will Wait* na 89 pela primeira vez, muita gente **reclamou que não era rock**, que tinha banjo, que não sei o quê... Hoje, Mumford & Sons é considerada uma das mais queridas bandas de folk rock da atualidade.

66. CIDADE NEGRA - *A ESTRADA* (1998)

A 89 tinha um programa chamado *Rock na Aula*, que consistia em apresentações de bandas de rock em escolas e faculdades. Em uma das edições, Charlie Brown Jr. tocou em uma faculdade no bairro de Santo Amaro e convidou o Toni Garrido, vocalista do Cidade Negra. O cantor chegou uma hora antes do combinado e a banda do Chorão, três horas depois. E você pensa que deu ruim? Que nada! O show não só foi um sucesso como rendeu um cover incrível de *A Estrada* pelo Charlie Brown Jr.

67. EXTREME - *MORE THAN WORDS* (1991)

Acha que a vida de quem trabalha em rádio é fácil? Experimente repetir a experiência dos pobres **Tatola, Fabio Massari e Ricardinho,** que durante o Hollywood Rock de 1992 tiveram que subir as escadas do Pacaembu até as cabines de rádio para conectar um gravador a um equipamento de transmissão para enviar as gravações dos shows e das entrevistas para a 89. E tudo isso para que você pudesse curtir sua fossa com *More Than Words*. Pelo menos se tornaram **os caras com as pernas mais torneadas do estúdio**.

É MERMO, É?

68. THE CURE – *FRIDAY I'M IN LOVE* (1992)

Foi ao som desta música que Dennys beijou sua primeira namorada pela primeira vez.

69. IRON MAIDEN – *FEAR OF THE DARK* (1992)

Toda vez que a 89 faz uma pesquisa para saber qual é a música favorita dos ouvintes, *Fear of the Dark* fica entre as três primeiras. Obra do Deus Metal, jovens.

70. DEFALLA – *INSTINTO SEXUAL* (1986)

Quando esta banda gaúcha tocou ao vivo na 89 no programa *Ensaio Geral*, nos anos 1980, muita gente no estúdio teve que fazer terapia após presenciar o vocalista Edu K tirar as calças e cantar tal canção afrodisíaca de cueca.

71. THE CULT – *REVOLUTION* (1985)

O amor de Tatola por The Cult é tamanho que ele escolheu o nome Ian para batizar um de seus filhos. É uma homenagem a Ian Astbury, vocalista da banda.

72. NEW MODEL ARMY – *51ST STATE* (1986)

A banda Não Religião foi responsável pela abertura do show dessa banda punk inglesa no Canecão, no Rio de Janeiro.

73. RAG'N'BONE MAN – *HUMAN* (2017)

Murilo, o pequeno filho do Angelo, deixou o pai pra lá de orgulhoso quando cantou esta canção de Rag'n'Bone Man ao ouvi-la na 89.

Esse menino vai dar mais orgulho quando virar corintiano.

Ôooo, Ricardinho, não joga praga, não!

74. **CAGE THE ELEPHANT – *CIGARETTE DAYDREAMS* (2013)**
Quem diria que o "embromation", que nada mais é do que o jeitinho brasileiro aplicado às línguas gringas, poderia render uma ideia genial? Que o diga Brunella, a esposa do Dennys. Enquanto a moça cantava a canção do Cage the Elephant com aquele domínio do inglês, **Tatola e Dennys tiveram a ideia para o quadro "Cantation"** do *Quem Não Faz Toma*.

75. **MOTÖRHEAD – *ACE OF SPADES* (1980)**
A banda britânica foi uma das atrações do Festival Monsters of Rock de 2015, em São Paulo, mas não pôde se apresentar devido a um mal-estar de seu vocalista, Lemmy. E quem foi chamado para subir no palco e avisar 40 mil pessoas que o show do Motörhead não iria rolar? Ele mesmo, **Tatola – o porta-voz do rock nos bons e nos maus momentos.**

76. **STEPPENWOLF – *BORN TO BE WILD* (1968)**
Em 2009, um acidente de moto levou o locutor Sandro Anderson, um dos personagens mais importantes e sensacionais da história da 89. *Born to be Wild* é a música que representa seu espírito e amor pelos clássicos do rock.

77. **CITY AND COLOUR – *LOVER COME BACK* (2015)**
Tatola tocava *Lover Come Back* todo dia na rádio, e a banda fez tanto sucesso que acabou vindo ao Brasil se apresentar no Cine Joia, em São Paulo.

78. **LUIZA POSSI – *EU QUERO UM HOMEM* (2014)**
Luiza Possi é **membro extraoficial do *Quem Não Faz Toma***, tendo sido atriz e intérprete desta música em *Longe do Coração*, a inesquecível radionovela da patota.

79. **RAIMUNDOS – *PUTEIRO EM JOÃO PESSOA* (1994)**
Canção clássica dos Raimundos que fez o Dennys mudar seu gosto musical e ter a curiosidade de conhecer a cena hardcore.

80. **TITÃS – *CABEÇA DINOSSAURO* (1986)**
A 89 tocou 11 das 13 canções do maior clássico da carreira dos Titãs e um dos maiores álbuns do rock nacional.

81. **MONACO – *WHAT DO YOU WANT FROM ME* (1997)**
The Unplay, a banda do Ricardinho, fez uma versão em português desta canção intitulada *O que Você Quer de Mim*. Na gravação do clipe, Ricardinho convocou, pelo Twitter, Angelo e os ouvintes da rádio para realizarem um *flash mob* em um sábado de manhã. **Mais de 50 pessoas compareceram** e fizeram a dança da música.

82. **THE MIGHTY MIGHTY BOSSTONES – *THE IMPRESSION THAT I GET* (1997)**

Certo dia, Tatola resolveu levar seu filho, João Pedro, para acompanhá-lo na 89. Na época com quatro anos de idade, o menino estranhou quando ouviu o pai dizer o nome da banda americana, soltando logo em seguida: "Pai, você acabou de falar um palavrão!".

83. **BRYAN ADAMS – *IT'S ONLY LOVE* (1985)**
Em uma viagem a Londres, Tatola, Ricardinho e Rita (ex-programadora musical da 89) visitaram o Madame Tussaud's Rock Circus, museu de cera destinado aos artistas da música. **Ricardinho quis bater aquela foto marota** com a estátua de Bryan Adams, e somente quando a "escultura" começou a se mexer é que ele percebeu, mortificado, que se tratava de um rapaz parecido com o cantor que estava posando para uma fotografia. Depois das risadas, fica a dúvida: será que o Ricardinho se desculpou usando os versos de *It's Only Love*: "não se preocupe, é apenas amor"?

84. **QUEENS OF THE STONE AGE – *MAKE IT WIT CHU* (2007)**
Esta é a banda favorita do Dennys, e o próprio garante que vende qualquer coisa para comprar ingressos para os shows da banda. Que isso fique bem registrado: **Qualquer. Coisa**.

85. **THE DOORS – *LIGHT MY FIRE* (1966)**
Um caso típico da necessidade de um bom muque para trabalhar na 89. Em uma ação da rádio para promover o filme *The Doors* (1991), de Oliver Stone, Junior, dono da rádio e estagiário (você leu certo), transportava o batente de uma porta para a rua, todos os dias, para que os fãs pudessem passar por ele. E, como o tal do batente não cabia no elevador, o rapaz precisava carregá-lo escada acima por 17 andares. E você aí reclamando dos seus *jobs*.

86. **O RAPPA – *MAR DE GENTE* (2003)**
O último show d'O Rappa aconteceu em 2018 no Espaço das Américas, em São Paulo. Tatola abriu o show com sua banda, Nem Liminha Ouviu, e se declarou emocionado e triste por tocar na derradeira apresentação do grupo com o vocalista Marcelo Falcão.

87. **COUNTING CROWS – *MR. JONES* (1993)**
Enquanto ceeeertas rádios por aí, cujos nomes não citaremos, cortavam trechos de *Mr. Jones*, somente a 89 tocava a música na íntegra, para a alegria de Angelo.

88. **NICKELBACK – *HOW YOU REMIND ME* (2001)**
Esta foi a canção que fez Nickelback estourar no Brasil inteiro. E quem foi o responsável pela divulgação? **Nosso querido e estimado Dennys**, que na época trabalhava em uma gravadora.

89. **FALCÃO – *HOLIDAY FOI MUITO* (1995)**
Cássia Eller convidou Falcão para uma apresentação no *Rock na Aula*, e ambos presentearam a humanidade com sua versão de *Holiday Foi Muito*. **Conseguem pensar em algo mais lindo?**

RICARDINHO

Falcão é ídolo!

12
MARCOS
ORIGINAL FIT
9FIFTY
SNAPBACK
SAMSUNG
48
50
51

FUTEBOL É COISA SÉRIA; A GENTE, NÃO

INTRODUÇÃO

O futebol nos dá muitas coisas: alegria, diversão, tristeza, euforia, raiva – tudo aquilo que nos faz sentir mais vivos. O futebol nos ensina sobre a vida, sobre seus sucessos, fracassos, obstáculos e recompensas. Mas o futebol, sobretudo, nos lembra de que podemos até brilhar sozinhos, mas só vencemos quando nos unimos como um grupo. Foi o futebol, afinal, o responsável por juntar os quatro amigos, e hoje eles retribuem alegrando as nossas noites ao falar sobre o emocionante mundo da bola. É nesse esporte agregador que vamos mergulhar agora, explorando nas próximas páginas suas histórias, seus ídolos e tudo o que o faz valer a pena. E aí, você vem vibrar com a gente ou vai ficar no banco?

LINHA DO TEMPO

1857

No dia 24 de outubro, é fundado na Inglaterra o Sheffield Football Club, o time de futebol mais antigo do mundo.

1863

Em 26 de outubro, é criada na Inglaterra a Football Association, a mais antiga associação de futebol do mundo. Com a elaboração de 17 regras para o esporte, a data marca o nascimento do futebol moderno.

1871

Criação da Copa da Inglaterra, o torneio de futebol mais antigo do mundo.

1872

O primeiro jogo internacional oficial é realizado entre a Inglaterra e a Escócia.

1878

Aquela que é considerada a partida de futebol inaugural em solo brasileiro se dá entre marinheiros britânicos no Rio de Janeiro.

1888

O pênalti é introduzido nas regras do futebol.

1894

O paulista Charles Miller traz ao Brasil as regras do futebol, introduzindo os brasileiros ao esporte.

1895

Disputa da primeira partida oficial de futebol no Brasil entre São Paulo Railway e Companhia de Gás. No mesmo ano, o Clube de Regatas do Flamengo é fundado.

1895

A primeira partida oficial de futebol feminino é disputada na Inglaterra.

"VENCER, VENCER, VENCER!"

Fundado em 17 de novembro de 1895 e considerado o time brasileiro com o maior número de torcedores, o Flamengo foi criado a princípio para os campeonatos de remo, inserindo-se no futebol somente em 1912. O Mengão, que teve como jogadores ídolos como Zico, Zizinho e Domingos da Guia, conquistou seus principais títulos em 1981, quando venceu a Libertadores e o Mundial.

DENNYS

Esse dia foi LOUCO!

“

1903

Surgimento do Grêmio Foot-Ball Porto Alegrense.

"COM O GRÊMIO ONDE O GRÊMIO ESTIVER"

O Grêmio foi fundado em 15 de setembro de 1903 e passou suas duas primeiras décadas como um time amador antes de se profissionalizar. É um dos maiores vencedores brasileiros da Libertadores da América, ostentando, tal como o Santos e o São Paulo, um total de três títulos nesse torneio. Também é o ganhador de dois Campeonatos Brasileiros e um Mundial. Entre as estrelas da história do Tricolor dos Pampas estão Renato Gaúcho, Ronaldinho Gaúcho e Hugo de León.

1902

Disputa do Campeonato Paulista, o primeiro torneio oficial de futebol no Brasil. No mesmo ano, o Fluminense Football Club é fundado.

1898

Surgimento do Club de Regatas Vasco da Gama.

1900

O futebol é introduzido nos Jogos Olímpicos.

"VASCO DA GAMA, TUA FAMA ASSIM SE FEZ"

Fundado em 21 de agosto de 1898 por um grupo de remadores, o Vasco teve sua primeira equipe de futebol em 1915. Batizado em homenagem ao navegador português que descobriu o caminho marítimo às Índias, o Vascão ostenta entre seus principais títulos quatro Campeonatos Brasileiros e uma Libertadores. Dentre os grandes nomes que vestiram a camisa do Gigante da Colina estão Romário, Roberto Dinamite e Edmundo.

1901

Inauguração do Velódromo de São Paulo, o primeiro estádio de futebol do Brasil.

"EU TENHO AMOR AO TRICOLOR"

Criado em 21 de julho de 1902, o Fluminense, consagrado por elencos memoráveis como a "Máquina Tricolor" dos anos 1970, ostenta em seu currículo quatro Campeonatos Brasileiros e uma Copa do Brasil. Entre os principais ídolos do Tricolor das Laranjeiras estão os craques Fred, Castilho e Rivellino.

Também conhecido como o dia do surgimento dos gambás.

TATOLA

1904

Criação da Federação Internacional de Futebol Associação (FIFA).
No mesmo ano, é fundado o Botafogo de Futebol e Regatas.

"BOTAFOGO, BOTAFOGO, CAMPEÃO!"

Fundado em 12 de agosto de 1904, o Botafogo é resultado da fusão entre o Club de Regatas Botafogo e o Botafogo Football Club e tem suas maiores glórias concentradas nos anos 1950 e 1960. Os principais títulos ostentados pelo Fogão são 21 Campeonatos Cariocas, dois Campeonatos Brasileiros e uma Copa Conmebol. No panteão de craques do time, por sua vez, estão os ídolos Garrincha, Gérson e Didi.

1908

Fundação do Clube Atlético Mineiro.

"CLUBE ATLÉTICO MINEIRO, UMA VEZ ATÉ MORRER"

O Atlético Mineiro, criado em 25 de março de 1908, é o maior campeão de Minas Gerais, acumulando um total de 44 títulos do Campeonato Mineiro. O Galo ainda conta com a conquista de um Campeonato Brasileiro e uma Libertadores e ostenta a proeza de ser um dos poucos clubes do mundo a ter vencido a Seleção Brasileira. Entre os principais craques da história do time estão Reinaldo, Dadá Maravilha e Toninho Cerezo.

1909

Fundação do Sport Club Internacional.

"GLÓRIA DO DESPORTO NACIONAL!"

O Internacional nasceu do desejo dos irmãos Poppe de criar um clube democrático, do qual pessoas de diversas origens pudessem participar. Fundado em 4 de abril de 1909, o time consagrou-se na década de 1970 pela conquista invicta do Campeonato Brasileiro de 1979 – feito único na história do futebol nacional – e ostenta atualmente um Mundial e duas Libertadores. Entre os principais ídolos do Colorado estão os craques Falcão, Fernandão e Figueroa.

1910

O Sport Club Corinthians Paulista é criado.

"SALVE O CORINTHIANS"

O Corinthians, fundado em 1º de setembro de 1910, é o time com a segunda maior torcida do país.
O clube recebeu esse nome em homenagem ao Corinthian Football Club, clube inglês que excursionou pelo Brasil em 1910. Tendo conquistado seus principais títulos em 2012, quando venceu a Libertadores e o Mundial, o Timão tem ainda em seu histórico sete Campeonatos Brasileiros e conta com ídolos como Rivellino, Sócrates e Neto.

1912

Surgimento do Santos Futebol Clube.

"AGORA QUEM DÁ BOLA É O SANTOS!"

Fundado em 14 de abril de 1912, o Santos é um dos times mais consagrados do futebol nacional e internacional, tendo sido imortalizado na década de 1960 especialmente pela figura do craque Pelé. Com um currículo notável de três Libertadores, dois Mundiais e oito Campeonatos Brasileiros, o Peixe ainda contou com grandes nomes em sua história, como Carlos Alberto Torres, Pepe e Zito.

1914

Fundação da Sociedade Esportiva Palmeiras. No mesmo ano, a Seleção Brasileira realiza seu jogo inaugural, vencendo o clube inglês Exeter City.

1914

Criação da Confederação Brasileira de Desportos (CBD), transformada em Confederação Brasileira de Futebol (CBF) em 1979.

1920

Disputa da primeira partida internacional de futebol feminino, ocorrida entre Inglaterra e França.

"QUANDO SURGE O ALVIVERDE IMPONENTE!"

Fundada em 26 de agosto de 1914 por imigrantes italianos, a "Società Sportiva Palestra Italia" foi rebatizada "Sociedade Esportiva Palmeiras" em 1942. O time traz em seu currículo nove Campeonatos Brasileiros, uma Libertadores e três Copas do Brasil. Entre os principais ídolos do Verdão estão Ademir da Guia, Marcos e Evair.

1921

Surgimento do Cruzeiro Esporte Clube.

"CRUZEIRO! CRUZEIRO, QUERIDO!"

O clube Sociedade Esportiva Palestra Itália (sim, igualzinho ao Palmeiras!), criado em 2 de janeiro de 1921, foi rebatizado Cruzeiro Esporte Clube em referência à constelação Cruzeiro do Sul em 1942. O time é o vencedor de quatro Campeonatos Brasileiros, cinco Copas do Brasil e duas Libertadores. Dentre as estrelas que compõem o panteão da Raposa constam Tostão, Dirceu Lopes e Alex.

1930

Realização da primeira Copa do Mundo FIFA, no Uruguai. No mesmo ano é criado o São Paulo Futebol Clube.

"Enquanto esses dois mal-acabados brigam, o São Paulo reina!"

"SALVE O TRICOLOR PAULISTA!"

O São Paulo Futebol Clube foi fundado em 25 de janeiro de 1930, originalmente com o nome São Paulo da Floresta. Em 1935, adotou a nomenclatura que ostenta até os dias atuais. O time ostenta um currículo de seis Campeonatos Brasileiros, três Libertadores e três Mundiais. Dentre os principais nomes da história do Tricolor Paulista estão Rogério Ceni, Raí e o técnico Telê Santana.

1940

Nascimento de Edson Arantes do Nascimento, o Pelé, considerado o maior jogador de futebol de todos os tempos.

1950

A Copa do Mundo é sediada no Brasil. No mesmo ano, é inaugurado o Estádio do Maracanã, no Rio de Janeiro.

1958

O Brasil conquista seu primeiro título de Copa do Mundo contra a Suécia.

1962

A Seleção Brasileira se torna bicampeã da Copa do Mundo derrotando a Tchecoslováquia.

1970

O Brasil conquista o tricampeonato mundial contra a Itália. No ano seguinte, é criado o Campeonato Brasileiro.

1977

"Nascimento de Angelo, o maior craque desde Pelé."

1986

Nascimento de Marta Vieira da Silva, considerada a maior jogadora de futebol feminino da História.

1989

Disputa da primeira edição da Copa do Brasil.

1991

Na China, é realizada a primeira Copa do Mundo de Futebol Feminino.

1994

O Brasil se torna tetracampeão da Copa do Mundo, vencendo novamente a Itália.

2002

A Seleção Brasileira conquista o quinto título da Copa do Mundo contra a Alemanha.

2014

O Brasil sedia sua segunda Copa do Mundo, sofrendo a épica derrota por 7x1 contra a Alemanha.

ARQUIBANCADA
Federação Paulista de Futebol
S. C. Corinthia
124333
23-9-79
ESTÁDIO
CICERO POMPEU DE TOLEDO
Nº
049323
DATA
S.C.CORINTHIANS PTA
09/08/87
DT1
X
SAO PAULO F.
SETOR
LETRA
Nº
***
***
***
EXIJA O C
ARQUIBANCADA
GER
C. A. Juvento
Federação Paulista de Fute
28-7-79
C. Corinthians
DIO DO MORUMBI
SÃO PAULO
FIFA CLUB WORLD CHAMPIONSHIP 2000
BRAZIL
ADRID x CORINTHIANS - 18:
CAF x AL NASSR - 21
fieltorcedor.com.br/ingressos
S.C. CORINTHIANS PAULISTA
1910
SPORT CLUB
CORINTHIANS
PAULISTA
BR13-5
Este ingresso é também o seu recibo.
Não dobre nem amasse, isto pode danificá-lo.
Para segurança de todos, não se acomode nas escadas e áreas de circulação.
004EFF0902003405
OMNI
ELIMINATÓRIAS PA
A COPA DE 200
UIBANCAD
ão Paulista de Fut
F.P.F.
SÉRIE
SSE
Nº 34
parmalat
leite para campeões
O ESPORTE É UM MEIO PARA FAZER AMIGOS.
COMBATA A VIOLÊNCIA NOS ESTÁDIOS.
CBF
CONFEDERAÇÃO BRASILEIRA DE FUT
ESTÁDIO CÍCERO POMPEU DE TOLE
26/04/2000
ARQUIBANCADA
SUPERIOR
Seleção Brasileira
X
Seleção do Equador
R$ 15,00
SOU VIVO
NÃO USO DROGAS
Este ingresso só é válido com o Cartão Magnético
Apólice nº 1669 BRADESCO SEGURO
Nº 00887
Brazil vs.
Croatia
12/06/2014 - Kick Off 17:00
Match 1 - Opening Ceremony 15:15
Arena de São Paulo - Rua Miguel Inácio Curi, 111
Itaquera, 08295-005
São Paulo
Luciana Antunes Castro
COL da Copa do Mundo
FIFA WORLD CUP
Brasil
Category 3 - BRL 440.00
ENTRANCE
GATE
BLOCK
ROW
SECTOR
Oeste
D
412
Q
26
G0007450

O FUTEBOL DE LÁ PARA CÁ

COMEÇANDO PELO COMEÇO

O futebol é um filho de muitos pais. Você pode reconhecer suas origens na bolinha que os soldados chineses do imperador Xeng Ti batiam 25 séculos antes de Cristo, no esporte meio futebol meio basquete praticado entre os maias lá em 900 a.C. e no violento Calcio Storico, jogo popular na Itália da Idade Média que consistia em levar a bola até o final do campo adversário. Porém, se você quer saber de onde ele surgiu assim, arrumadinho e regrado como o conhecemos atualmente, deve voltar seus olhos para a segunda metade do século XIX, na Inglaterra. Foi lá que o futebol se popularizou entre uma classe proletária que vinha conquistando direitos demais para o gosto da burguesia industrial, que viu na regulamentação daquele esporte violento um meio de colocar os trabalhadores sob rédeas curtas e, ao mesmo tempo, desviar suas cabeças das questões políticas. Assim, no dia 26 de outubro de 1863, surgiu o nosso futebol moderno com a criação da Football Association, que colocou 17 regras na casa para diferenciar o futebol de esportes "irmãos" como o rúgbi e se encarregou da criação das tabelas e datas das partidas, que em geral eram disputadas aos sábados à tarde, nas folgas dos operários. Não é de surpreender, portanto, que os primeiros times da história do futebol tenham surgido em cidades industriais como Londres, com equipes como Arsenal e Tottenham, e Manchester, com seus times City e United.

Enquanto o futebol ganhava cada vez mais fôlego na Inglaterra e se popularizava pela Europa, no Brasil ele chegou literalmente pelas mãos de Charles Miller em 1894. Filho de um escocês e uma brasileira de ascendência inglesa, Charles Miller mudou-se ainda criança para a Inglaterra, onde se apaixonou pelo futebol e se tornou um jogador de destaque. No retorno a São Paulo, sua cidade natal, trouxe na mala duas bolas, uniformes e um conjunto de regras a fim de ensinar o esporte aos integrantes do São Paulo Athletic Club (não confundir com o outro São Paulo), tornando-se o "fundador oficial" do futebol no Brasil.

ANGELO

"Que é, por si só, inconfundível.

DENNYS

Calma, Angelo, ainda não estamos falando de mim."

A partir daí, foi só correr para o abraço: no ano de 1919 quase todos os estados do Brasil ostentavam seus próprios times e campeonatos, e o que começou como "coisa de elite" se tornou o esporte do povo. O começo do século XX também marcaria o surgimento da FIFA, organização fundada em Paris com o intuito de promover competições de futebol internacionais, e a consequente criação da Copa do Mundo pelo francês Jules Rimet. Então presidente da FIFA, Jules Rimet idealizou no torneio mundial a possibilidade de popularizar ainda mais o esporte, escolhendo o Uruguai como sede do evento em razão de seu bicampeonato olímpico de futebol nos anos de 1924 e 1928. A primeira edição do torneio, realizada em 1930, contou com a participação de 13 países – incluindo o Brasil – e teve como campeão o próprio time anfitrião.

A Copa do Mundo ainda teria outras duas edições, em 1934 e 1938, antes de sua interrupção devido à Segunda Guerra Mundial (1939-1945), sendo retomada em 1950 e marcando em definitivo a trajetória do futebol, que estabeleceria definitivamente suas bases na segunda metade do século XX.

OS CRAQUES DA ÉPOCA

O goleiro catalão *Ricardo Zamora* (1901-1978), conhecido como El Divino, marcou a história do futebol espanhol em suas passagens pelo Real Madrid, Barcelona e pelas Seleções da Espanha e da Catalunha, enquanto o meia-atacante italiano *Giuseppe Meazza* (1910-1979) consagrou-se na década de 1930 jogando pela Internazionale de Milão e pela Seleção da Itália, que com ele em campo venceu as Copas do Mundo de 1934 e 1938.

No Brasil, o atacante *Arthur Friedenreich* (1892-1969) se tornou o primeiro ídolo do futebol nacional, consagrando-se com a camisa do São Paulo pelos 103 gols marcados em 127 partidas. Já *Leônidas da Silva* (1913-2004), o "Diamante Negro", a quem se atribui a invenção do lance conhecido como bicicleta, destacou-se como um dos maiores atacantes do futebol no Brasil, tendo sido estrela do São Paulo e artilheiro da Copa de 1938.

OS ANOS 1950

Se as décadas anteriores representaram a ascensão do futebol ao redor do globo, os anos 1950 confirmaram seu êxito como o esporte dos quatro cantos do mundo. Esta foi a década de fundação da Confederação Asiática de Futebol (AFC), da Confederação

Africana de Futebol (CAF) e da União das Associações Europeias de Futebol (UEFA) – esta última, responsável pela primeira edição da Liga dos Campeões da UEFA, em 1955. No Brasil, a inauguração do Maracanã – então o maior estádio do mundo – no ano de 1950 representou a entrada promissora em uma década que viu o despontar de craques como Pelé, do Santos, Garrincha, do Botafogo, e a trinca Cláudio, Luizinho e Baltazar, do Corinthians. Na mesma década houve a consolidação do Torneio Rio-São Paulo e o surgimento da Taça Brasil, criada com a intenção de determinar o campeão brasileiro, que representaria o país na Libertadores. Essa febre futebolística teria seu ápice nas três Copas do Mundo realizadas naqueles anos.

A primeira Copa do Mundo da década, realizada em 1950, foi sediada no Brasil, que nutria a esperança de conquistar seu primeiro título mundial. A campanha notável da Seleção Brasileira elevou as expectativas da torcida, mas a euforia encontrou um triste desfecho na partida pela taça contra o Uruguai. Era necessário apenas um empate para o Brasil conquistar o título, mas a virada de jogo do adversário nos minutos finais silenciou as 200 mil pessoas presentes no Maracanã, em uma derrota que só encontraria eco décadas mais tarde, no calamitoso "7x1" contra a Alemanha. Na Copa de 1954, por sua vez, sequer a troca da azarenta camisa branca da seleção por aquela que se tornaria a icônica "Amarelinha" serviu para mudar a sorte do Brasil, que se veria eliminado nas quartas-de-final pela Hungria, em um torneio do qual a Alemanha se sagrou campeã. A redenção da Seleção Brasileira ocorreria apenas quatro anos mais tarde: na Copa de 1958, uma vitória de 5x2 na final contra a Suécia, com gols de Pelé, Vavá e Zagallo, lavou enfim a alma do Brasil, que assim iniciou sua Era de Ouro no futebol.

OS CRAQUES DA ÉPOCA

O russo *Lev Ivanovich Yashin* (1929-1990), conhecido como Aranha Negra, é considerado pela FIFA o melhor goleiro da história do futebol. Yashin atuou pelo Dínamo de Moscou por toda sua carreira, defendendo a União Soviética em quatro Copas do Mundo.
O húngaro *Ferenc Puskás Biró* (1927-2006), por sua vez, sagrou-se um dos maiores atacantes de todos os tempos com a notável marca de 512 gols em 528 partidas, eternizando-se como ídolo do Honvéd, do Real Madrid e das seleções da Hungria e da Espanha, após tornar-se cidadão espanhol.
No Brasil, os louros foram para o atacante *Tomás Soares da Silva* (1921-2002), o famoso Zizinho. Estrela de Flamengo, Bangu e São Paulo, Zizinho foi também um dos grandes nomes da Seleção de 1950, ganhando como grande fã ninguém menos que o próprio Pelé.
Já o meia *Valdir Pereira* (1928-2001), mais conhecido como Didi, imortalizou-se como ídolo dos rivais Fluminense e Botafogo, fazendo história na Copa de 1958 com a conquista do título de melhor jogador e a alcunha de "Mister Football".

OS ANOS 1960

Os anos 1960 foram palco de grandes ebulições sociais e culturais, e com o futebol a história não podia ser outra: eis a década dos imortais do esporte, a exemplo de Pelé, Garrincha e Eusébio, da criação do Campeonato Europeu de Futebol – a famosa Eurocopa – e da primeira edição da Copa Libertadores da América, realizada em 1960 e conquistada pelo clube uruguaio Peñarol. Do lado de lá, equipes como Milan, Real Madrid e Benfica reinavam absolutas na cena futebolística, enquanto do lado de cá outros três times faziam história nos gramados:

o Botafogo, "Glorioso Imortal" que ostentava no elenco Garrincha, Zagallo, Nilton Santos e Didi; o Santos, que sob a batuta de Pelé atingiu a extraordinária marca de 23 títulos em uma década, incluindo dois Mundiais Interclubes e duas Libertadores, e o Palmeiras, cuja inesquecível **Primeira Academia**, composta por craques como Ademir da Guia, Valdir de Morais e Djalma Dias, conseguia bater de frente com o time da Vila Belmiro. Com tais elencos para chamar de seus e a conquista da Copa do Mundo em 1958, não é de se surpreender que o Brasil tenha chegado, com o perdão do trocadilho, com a bola toda para o Mundial de 1962, no Chile. Um susto, porém, abalou a confiança do público: Pelé se contundiu na segunda partida da Seleção, e com isso Garrincha ficou encarregado de elevar o moral abalado. A estratégia deu certo: Garrincha se tornou fundamental para o grande desempenho do Brasil, que chegou à final contra a Tchecoslováquia e venceu o adversário por 3x1, com gols de Amarildo, Zito e Vavá, conquistando sua segunda Copa do Mundo. Já na Copa de 1966, sediada na Inglaterra, o que parecia vitória certa se converteu em fiasco: com um desempenho vexatório, atribuído à falta de organização da Seleção, o Brasil foi eliminado na primeira fase da competição ao perder duas partidas, contra Hungria e Portugal, por 3x1. A final do Mundial daquele ano se deu entre a Inglaterra e a Alemanha Ocidental, e terminou com a vitória do país anfitrião.

Primeira Academia foi o apelido dado ao Palmeiras nos anos 1960 – apelido que, mais tarde, daria origem ao epíteto Segunda Academia para denominar o elenco dos anos 1970. As alcunhas, atribuídas pela imprensa e por torcedores de todo o Brasil, se deviam ao futebol virtuoso do time, capaz de dar uma legítima "aula de futebol" a quem o visse jogar.

TATOLA

Os caras ficam loucos de inveja com isso... "

OS CRAQUES DA ÉPOCA

O atacante *Edson Arantes do Nascimento* (1940), mais conhecido como Pelé, é considerado o maior jogador de futebol da História. Além da conquista de mais de quarenta títulos para o Santos, Pelé é o único jogador da História a ter vencido três Copas do Mundo. Já *Manuel Francisco dos Santos* (1933-1983), o Garrincha, sagrou-se o maior ponta-direita – e driblador! – de todos os tempos, tendo sido fundamental na conquista das Copas de 1958 e 1962 e um dos maiores nomes da história do Botafogo. Na gringa, o meia-atacante *Sir Robert "Bobby" Charlton* (1937) fez bonito pela Inglaterra. Um dos maiores nomes do esporte, tem seu nome imortalizado na história do Manchester United e foi o principal responsável pela vitória inglesa na Copa de 1966, enquanto o atacante português *Eusébio da Silva Ferreira* (1942-2014) também se viu no panteão dos maiores craques da bola: foi ídolo nos clubes Sporting Lisboa e Benfica e autor de 41 gols em 66 partidas pela Seleção Portuguesa.

OS ANOS 1970

Estes foram os anos inaugurais da grande cobertura televisiva do futebol, das personalidades dentro e fora de campo e de um futebol que, embora não tão veloz como o atual, destacava-se por sua "arte", como muitos saudosos podem apontar. Foi o tempo de clubes europeus notáveis, como Liverpool, Bayern de Munique e Ajax, e também da grandeza de um futebol argentino que venceu, entre 1964 e 1978, um total de 12 Libertadores, com times como o Independiente e o Estudiantes. No Brasil, em 1971, a CBD (Confederação Brasileira de Desportos, que mais tarde se desmembraria em outras instituições esportivas, incluindo a CBF) instituiu o Campeonato Nacional de Clubes, que teve o Clube

Atlético Mineiro como primeiro campeão. O Palmeiras dessa década ostentava sua Segunda Academia, com nomes como Ademir da Guia, Luís Pereira, Dudu e Leivinha, essenciais à conquista de dois títulos nacionais em 1972 e 1973, enquanto o gaúcho Internacional cravava seu nome na história do futebol com a conquista de três campeonatos brasileiros, em 1975, 1976 e 1979, sendo o último obtido de forma invicta, um feito jamais superado até hoje no país. E já que estamos falando de proezas, lembremos que a década de 1970 começou promissora para o Brasil, com a conquista da Copa de 70. Sediado no México, o torneio culminou com uma final entre Itália e Brasil, que se redimiu do fiasco de 1966 e conquistou a taça Jules Rimet com gols de Pelé, Gérson, Jairzinho e Carlos Alberto na partida decisiva. Mal sabiam os brasileiros, porém, que a alegria da conquista do Mundial demoraria 24 anos para ser sentida novamente. Com a nuvem negra que se abateu sobre a Seleção Brasileira, outros países brilharam nas Copas seguintes. Em 1974, no Mundial sediado na Alemanha Ocidental, a anfitriã do "Kaiser" Franz Beckenbauer conquistou a taça com um placar de 2x1 na final contra a forte Seleção da Holanda. Já em 1978 a vitória ficou

FUTEBOL-ARTE OU RESULTADO?

ANGELO

Eu gosto do time campeão, não importa se joga feio ou bonito.

TATOLA

Resultado pro Negão, arte pra mim.

RICARDINHO

Para o meu time, resultado. Para os outros, futebol-arte.

DENNYS

Na verdade, o Tatola só pensa no resultado econômico.

com a Seleção Argentina, que venceu a final contra a Holanda por 3x1. Foi um Mundial controverso, marcado por acusações de que o governo ditatorial argentino teria lançado mão de subornos e pressões para que sua Seleção vencesse o campeonato.

OS CRAQUES DA ÉPOCA

O alemão *Franz Anton Beckenbauer* (1945) é considerado o maior jogador alemão de todos os tempos e o melhor líbero da história do futebol. Ídolo do Bayern de Munique, Beckenbauer alcançou a proeza de ser campeão da Copa do Mundo como jogador (1974) e técnico (1990). O holandês *Johan Cruyff* (1947-2016), por sua vez, fez história como meia-atacante dos clubes Ajax e Barcelona e como ícone da revolucionária Seleção Holandesa de 1974, sendo considerado por muitos o maior jogador da Europa do século XX. No Brasil, *Paulo Roberto Falcão* (1953) sagrou-se um dos melhores volantes do futebol mundial, cravando seu nome na história do Internacional de Porto Alegre e da Roma – onde ganhou a alcunha de "Rei de Roma" – e na Seleção Brasileira, ao passo que o meia/ponta-esquerda *Roberto Rivellino* (1946) imortalizou-se como ídolo do Corinthians e do Fluminense e como titular da Seleção Canarinho na Copa de 1970, exibindo um futebol que faria de Diego Maradona seu maior fã.

OS ANOS 1980

A década de 1980 assistiu ao protagonismo dos gigantes europeus Juventus e Real Madrid. Enquanto o primeiro conquistou uma Copa da UEFA, uma Copa da Itália e o bicampeonato italiano nos anos finais desse período, o segundo cravou seu nome na história do esporte com uma avalanche de títulos, que incluem o bicampeonato da Copa da UEFA e o triunfo como pentacampeão do Campeonato Espanhol. Nesse meio-tempo, no Hemisfério Sul, quem fazia as vezes de dono da bola era o Flamengo de Zico, vencedor da Libertadores e do Mundial Interclubes em 1981, seguido pelo Grêmio, também vencedor da Libertadores e do Mundial Interclubes em 1983.

Tantas glórias no futebol brasileiro da década de 1980 só poderiam se refletir na conquista de uma Copa do Mundo, mas a história não foi bem essa. Ainda que na Copa de 1982, sediada na Espanha, o país contasse com um elenco estelar, composto por craques como Zico, Sócrates e Falcão – gente que fez e ainda faz uma porção de torcedores considerá-la a maior Seleção Brasileira de todos os tempos –, a equipe sucumbiu nas quartas-de-final diante da Itália, amargando o quinto lugar em um Mundial vencido pelo time carrasco do Brasil. Na Copa seguinte, realizada em 1986 no México, a Seleção Canarinho bem que começou promissora, mas tudo ruiu nas quartas-de-final, quando a França interrompeu sua jornada rumo ao tetracampeonato nos pênaltis. Mas fazer o quê? A Copa estava mesmo destinada àquele argentino genial no auge de seu futebol: Diego Armando Maradona. Na liderança da Seleção Argentina, Maradona foi o personagem principal de uma das mais emblemáticas partidas de futebol da história do Mundial. Nesse jogo contra a Inglaterra nas quartas-de-final, o argentino não só fez aquele que é considerado o gol mais bonito já feito em uma Copa do Mundo como também apresentou ao mundo La Mano de Dios (A Mão de Deus), o gol de mão que fez a Argentina derrotar o adversário de corpo e alma.

> Tal vitória se justifica como de "corpo e alma" porque a partida contra a Inglaterra representou para os argentinos mais que futebol; significou uma "vingança" após a derrota da Argentina diante do Reino Unido na Guerra das Malvinas, conflito ocorrido em 1982 em que ambos os países disputaram a posse das Ilhas Malvinas.

O torneio culminaria com a conquista do título pela Seleção Argentina contra a Alemanha, eternizando Maradona e seu time na história do futebol.

SELEÇÃO DE 70 OU DE 82?

DENNYS

82

TATOLA

82

"Quem gosta de resultado quer arte... Ôôô incoerência!"

RICARDINHO

82

"Deixei claro que gosto de resultado pro meu time. Sou coerente!"

ANGELO

"A de 82 é um bando de pipoqueiros. A propósito, Ricardinho, não era você que preferia resultado?"

OS CRAQUES DA ÉPOCA

O meia *Diego Armando Maradona Franco* (1960) é o maior ídolo da história do futebol argentino e um jogador frequentemente colocado à altura de Pelé. Ídolo do Boca Juniors, Diego consagrou-se no futebol italiano jogando pelo Napoli e foi o grande responsável pela vitória argentina da Copa de 1986. O meia francês *Michel François Platini* (1955), por sua vez, fez história como um dos maiores atletas de futebol de todos os tempos na Juventus e na Seleção Francesa, conduzindo a última à conquista da Eurocopa no ano de 1984. No Brasil, o meia *Arthur Antunes Coimbra* (1953), mais conhecido como Zico, sagrou-se o maior jogador da história do Flamengo com seu papel fundamental na conquista da Libertadores e do Mundial de Clubes, e é considerado atualmente o melhor batedor de faltas da história do futebol nacional. Já *Sócrates Brasileiro Sampaio de Souza Vieira de Oliveira* (1954-2011), o famoso Doutor Sócrates, eternizou-se como ídolo do Corinthians e principal idealizador da **Democracia Corinthiana,** tendo sido um dos principais responsáveis pelos títulos paulistas do clube em 1979, 1982 e 1983 e um de seus maiores representantes na Seleção Brasileira.

A Democracia Corinthiana foi um movimento político encabeçado pelo Corinthians na década de 1980 que visava atribuir aos seus funcionários e atletas maior poder de decisão em relação ao time. Tal abordagem antiautoritária alinhava-se com as correntes que lutavam pelo fim da ditadura militar no Brasil, o que tornou a Democracia Corinthiana um dos mais icônicos movimentos de redemocratização do país.

RICARDINHO

Desculpa, time inteligente é outro nível...

OS ANOS 1990

Que saudade da década de 1990, hein? Esses foram anos loucos, em que os craques não se concentravam nos "times de sempre", como atualmente, mas nos mais diversos clubes ao redor do globo, a exemplo de Bebeto no La Coruña, Faustino Asprilla no Parma e Oleg Salenko no Logroñés. Foi a década de ouro do futebol da Itália, que abocanhou no período 13 títulos europeus e teve 6 vencedores do Ballon d'Or, e também a era de glórias de um time "italiano" no Hemisfério Sul: a Sociedade Esportiva Palmeiras. O período foi marcado pela famosa parceria do clube com a empresa de produtos alimentícios Parmalat, que possibilitou a montagem de elencos estelares como os de 1993, 1994, 1996 e 1999. Outro clube que se destacou foi o São Paulo Futebol Clube, treinado por Telê Santana e que conquistou seus principais títulos nesse período.

Nos anos 1990 também ocorreram a Primeira Copa do Mundo de Futebol Feminino, realizada em 1991 na China, e outras três edições do campeonato masculino, em 1990, 1994 e 1998. A primeira edição desse evento na década, realizada na Itália, contou com uma participação nada memorável da Seleção Brasileira, que alcançou na classificação apenas o nono lugar, enquanto a Alemanha conquistava seu terceiro Mundial. Na Copa de 1994, porém, a história foi diferente: o torneio, realizado nos Estados Unidos, trouxe um Brasil que, embora desacreditado por conta de seu desempenho mediano nas eliminatórias, brilhou sob a batuta de Romário. A Seleção venceu a final contra a Itália nos pênaltis, com um desempenho heroico do goleiro Taffarel, conquistando seu tetracampeonato mundial. Já na Copa de 1998... Bem, quem apanha,

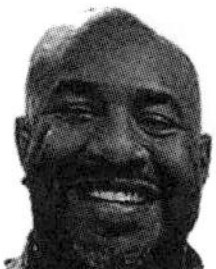

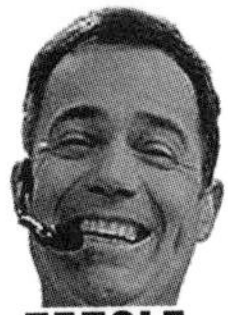

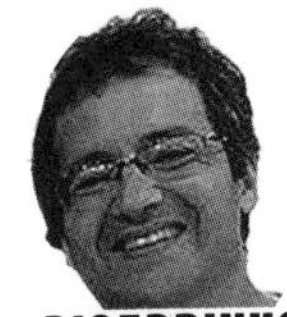

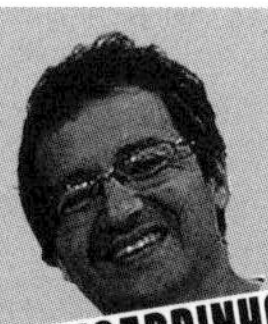

lembra: apesar do excelente desempenho ao longo das partidas e de um elenco formado por craques como Ronaldo, Cafu e Roberto Carlos, o Brasil desmoronou na final contra a França, em uma das partidas mais controversas da história da Copa do Mundo. Horas antes do jogo, Ronaldo sofreu uma convulsão, acontecimento que abalou o moral da Seleção Brasileira diante do time encabeçado (sem trocadilhos!) por Zinédine Zidane.

DUELO DE GIGANTES – PARTE I: PELÉ OU MARADONA?

RICARDINHO

Claro que o Maradona! Fez o gol mais bonito de todas as Copas em 86.

TATOLA

Para de falar bobagem, o Pelé é extraterrestre!

DENNYS

E jogava com uma chuteira que parecia um tamanco de pau.

ANGELO

Deu pra perceber que é Pelé, né? É três contra um.

OS CRAQUES DA ÉPOCA

O meia franco-argelino *Zinédine Yazid Zidane* (1972) é considerado o maior jogador do futebol francês de todos os tempos. Ídolo dos clubes Real Madrid e Juventus, Zidane foi peça fundamental na conquista da Copa do Mundo de 1998 pela França. O meia-atacante italiano *Roberto Baggio* (1967), por sua vez, foi um dos maiores jogadores da história de seu país, tendo atuado em três Copas do Mundo (1990, 1994 e 1998) e vestido as camisas dos gigantes Juventus, Milan e Internazionale. Entre os craques nacionais, *Romário de Souza Faria* (1966) é tido como um dos maiores centroavantes da história do futebol, tanto por sua carreira em clubes como Flamengo, Vasco e Barcelona quanto por sua atuação fundamental para a vitória brasileira na Copa do Mundo de 1994. Já *Roberto Carlos da Silva Rocha* (1973), considerado por muitos o maior lateral esquerdo de todos os tempos, eternizou-se como ídolo do Palmeiras e do Real Madrid e como titular de três Copas do Mundo, tendo sido um dos principais nomes do pentacampeonato de 2002.

OS ANOS 2000

O futebol europeu do início deste milênio caracteriza-se pela confirmação dos times espanhóis como potências do esporte, com os rivais Barcelona e Real Madrid conquistando os principais títulos da época. Trata-se também do período em que se consolida a Champions League como símbolo do futebol globalizado, despontando como o evento anual de esportes mais visto ao redor do mundo. No Brasil, essa época ficou marcada pelo tricampeonato nacional inédito do São Paulo (2006 a 2008). E também pela queda de gigantes nacionais para a série B do Campeonato Brasileiro, a exemplo de Palmeiras, Corinthians, Vasco, Atlético-MG, Botafogo e Grêmio... Ufa! Vai saber o que tinha na água desses clubes, hein? Mas se estava ruim para eles, ao menos para a Seleção Brasileira de 2002 estava tudo muito bem, obrigado. Na Copa de 2002, realizada no Japão e na Coreia do Sul – um feito duplamente inédito da FIFA, já que foi o primeiro

Mundial realizado na Ásia e com dois países como sedes –, o Brasil compensou a decepção da edição anterior exibindo o melhor ataque do campeonato, vencendo todos os jogos e possibilitando a redenção de Ronaldo, com seus dois gols que deram o pentacampeonato à Seleção Brasileira na final contra a Alemanha. Na Copa de 2006 na Alemanha, porém, o Brasil caiu nas quartas-de-final contra a França, revivendo as lembranças nada agradáveis de 1998. Enquanto isso, a Seleção Italiana, que vinha quietinha, trilhou seu caminho até a final e, num jogo emocionante decidido nos pênaltis, venceu a França e sagrou-se tetracampeã mundial.

QUAL É O MAIOR CLÁSSICO DO FUTEBOL BRASILEIRO?

RICARDINHO

Corinthians e Palmeiras.

TATOLA

Do Brasil eu não sei, mas de SP é Corinthians e Palmeiras.

ANGELO

Inter e Grêmio! Em SP você tem muitos times, não tem uma cidade dividida ao meio.

DENNYS

Angelo, se é pra dividir ao meio, então fala Caprichoso e Garantido!

OS CRAQUES DA ÉPOCA

O italiano *Gianluigi Buffon* (1978) é considerado um dos melhores goleiros da história do futebol. Ídolo da Juventus e da "Azzurra" (apelido da Seleção Italiana), da qual fez parte em cinco edições da Copa do Mundo, foi um dos principais responsáveis pelo título de

2006. O também italiano meia-atacante *Francesco Totti* (1976), por sua vez, imortalizou-se jogando pela Roma, clube do qual se tornou o maior artilheiro, e pela Seleção Italiana, tendo sido também um dos heróis da conquista do tetracampeonato. Totti conquistou ao longo da carreira cinco títulos de melhor jogador da Itália pela Associação Italiana de Jogadores e muitos o tomam como o maior atleta de futebol da história do país. Quanto aos craques nacionais, os dois que mais se destacam nessa década são, ambos, Ronaldos. O atacante *Ronaldo Luís Nazário de Lima* (1976), mais conhecido como Ronaldo Fenômeno, é aclamado mundialmente como um dos maiores jogadores de todos os tempos, eleito três vezes o melhor do mundo pela FIFA. O Fenômeno consagrou-se no futebol brasileiro jogando por Cruzeiro, Corinthians e Seleção Brasileira, tendo sido um dos grandes nomes da Copa de 2002. Foi também ídolo internacional jogando por clubes como Real Madrid, Barcelona, Milan e Internazionale. Já *Ronaldo de Assis Moreira* (1980), o Ronaldinho Gaúcho, eternizou-se na história do futebol como o primeiro jogador a conquistar a Copa do Mundo, a Champions League, a Libertadores e o título de Melhor do Mundo. Achou pouco? O rapaz, considerado um dos maiores meias do nosso futebol, ainda foi ídolo do Grêmio, Barcelona, Milan e Atlético Mineiro... Velho, esses caras não vieram a passeio, não.

TATOLA
Quem dera se seu Corinthians tivesse uns desses, hein, Ricardinho?

RICARDINHO
A gente tem Mundial, já está bom.

Vai fazer a mesma piada no livro inteiro também?

E AGORA, JOSÉ?

Muita coisa aconteceu desde a época em que o futebol era aquele "troço incontrolável" do proletariado inglês. A velocidade do jogo aumentou, os patrocinadores dominaram a cena e a publicidade encontrou nos estádios seus garotos-propaganda favoritos. Mas a paixão mudou de lá para cá? Não, ela não. A paixão apenas ganhou força no globo, turbinada pelos emergentes mercados americano, árabe e chinês de futebol. A nova geração de torcedores veio para colocar o talento dos superastros da bola acima dos times, idolatrando craques como Cristiano Ronaldo e Messi nas grandes ligas europeias. Enquanto a gringa é agraciada com a nata do futebol, o esporte no Brasil não se faz de rogado: o país ostenta na atual década cinco títulos da Libertadores, conquistados pelo Internacional em 2010, pelo Santos em 2011, pelo Corinthians em 2012 (também vencedor do Mundial), pelo Atlético Mineiro em 2013 e pelo Grêmio em 2017, mostrando ao mundo que o nosso negócio ainda é a bola.

Na Copa do Mundo de 2010, realizada na África do Sul, a Seleção Brasileira repetiu a experiência da Copa anterior ao ser derrotada nas quartas-de-final, desta vez pela Holanda, enquanto o título foi abocanhado pela Seleção Espanhola na final contra a Holandesa. Já na Copa de 2014, sediada no Brasil... A gente precisa mesmo falar disso? Não pode pular para o próximo capítulo, não? Bem... O Brasil chegou às semifinais contra a Alemanha, mas quem esperava ver um duelo de gigantes se deparou com uma verdadeira carnificina promovida pelos alemães, que enfiaram não apenas um, dois, três (parece até que estamos revivendo aquele momento e ouvindo a voz de Galvão Bueno dizendo "virou passeeeeeeio!"), mas sete gols contra a desamparada Seleção Brasileira, conquistando posteriormente seu tetracampeonato mundial contra a Argentina. Finalmente, na Copa de 2018, realizada na Rússia, a Seleção Brasileira não conseguiu vingar o trauma do Mundial anterior, abrindo espaço para que a França conquistasse seu bicampeonato na final contra a (acredite!) Croácia.

OS CRAQUES DA VEZ

O português *Cristiano Ronaldo dos Santos Aveiro* (1985), atual jogador da Juventus e da Seleção Portuguesa, é considerado um dos maiores atacantes do futebol em atividade. Entre as conquistas listadas em seu currículo constam cinco Champions League, quatro Mundiais de Clubes e uma Eurocopa. Já o atacante argentino *Lionel Andrés Messi Cuccittini* (1987), também tido como um dos melhores jogadores da atualidade e frequentemente comparado aos imortais Pelé e Maradona, atua na equipe do Barcelona e na Seleção Argentina, colecionando feitos como a conquista de nove campeonatos espanhóis, quatro Champions League e três Mundiais de Clubes. Entre os brasileiros, o ponta-esquerda *Neymar da Silva Santos Júnior* (1992) é hoje o maior nome. Neymar joga atualmente com as camisas do Paris Saint-Germain e da Seleção do Brasil. Revelação do Santos, o craque é um dos maiores artilheiros da Liga dos Campeões da UEFA e da Seleção Canarinho, e ostenta um currículo recheado de conquistas, incluindo uma Libertadores, uma Champions League, um Mundial de Clubes e uma Copa das Confederações. *Daniel Alves da Silva* (1983), por sua vez, é considerado o melhor lateral direito em atividade no mundo. Grande nome do Paris Saint-Germain e da Seleção Brasileira, Daniel Alves acumula até o momento a impressionante marca de 37 títulos, entre os quais três Champions League, três Mundiais de Clubes e duas Copas das Confederações. E eles não têm previsão de parar, viu?

DUELO DE GIGANTES – PARTE II: MESSI OU CRISTIANO RONALDO?

TATOLA

Messi, disparado!

Messi, o melhor jogador. CR7, o mais dedicado. Negão tá misturando as coisas.

DENNYS

Cristiano Ronaldo, porque ele é lindo!

ANGELO

Além de lindo o CR7 é dedicado. Quem joga bola sabe que ele é cintura dura, mas ele treina muito.

RICARDINHO

Do jeito que vocês falam parece até que o cara é perna de pau! Quando o CR7 tá no seu time, você sabe que ele vai ganhar.

OS FATOS CURIOSOS DO MUNDO DA BOLA E DA GALERA DO QNFT

O GOLEIRO DA MELHOR IDADE

O escocês Neil McBain foi o jogador mais velho de todos os tempos a disputar uma partida oficial de futebol, no ano de 1947. Diretor do New Brighton, Neil se viu diante de vários goleiros contundidos para um embate contra o Hartlepool, o que o forçou a assumir as traves no jogo. A idade do sujeito? 51 anos e 120 dias. Quase tão velho quanto o Tatola...

TATOLA

Fala de novo que eu te arrebento!

"

ATÉ O ÚLTIMO HOMEM

Em 1954, durante uma partida entre Portuguesa e Botafogo no Pacaembu, em São Paulo, um banzé monumental resultou na expulsão dos 22 jogadores em campo, incluindo o Garrincha. A façanha maluca seria repetida no Reino Unido em 1969 durante uma disputa entre o Tongham Youth Club e o Hawley, quando a mesma quantidade de atletas foi convidada a se retirar do gramado no grito. Isso pode até ser um absurdo para eles, mas se trata apenas de um dia normal de pelada com o *Quem Não Faz Toma*.

QUEM NÃO FAZ TOMA E O HERÓI DA RUA JAVARI

A turma do *Quem Não Faz Toma* adora curtir os jogos do Clube Atlético Juventus nas manhãs de domingo e tardes de quarta, cornetando o técnico no alambrado e notabilizando-se por causos memoráveis como o que vem a seguir. Certo dia, em uma partida entre Juventus e Guarani, Angelo e Ricardinho assumiram sua habitual função de "Turma do Amendoim" (expressão usada para se referir a torcedores reclamões que teve origem em uma declaração dada por Luiz Felipe Scolari, em sua primeira passagem pelo Palmeiras, quando o treinador afirmou que alguns torcedores iam ao estádio apenas para comer amendoim e reclamar do time). Os dois presenciaram o time da casa sofrer uma falta aos 45 do segundo tempo, quando o jogo estava 1x0 para o Guarani. Receosos quanto ao meia escolhido pelo técnico para bater a falta, a dupla se virou para os torcedores velhinhos que estavam por perto e perguntou os nomes de alguns dos jogadores do Juventus (estavam sabendo legal, hein?). Quando descobriram um tal de "Dedimar", não perderam tempo: enfiaram a cabeça na grade e começaram a gritar: BOTA O DEDIMAR! VAI VOCÊ, DEDIMAR! A amolação foi tamanha que o técnico acabou por chamar o rapaz para a cobrança, e ele não decepcionou: Dedimar marcou lindamente o gol, arrancando de Angelo e Ricardinho os gritos de "Dedimar, você é o cara!". Há quem possa com esses caras?

ATLÉTICO "FROZEN" MINEIRO

Já se pegou no meio da madrugada imaginando por que raios o hino do Atlético Mineiro diz que os atleticanos são "campeões do gelo"? A gente explica essa história: em 1950, o time viajou à Europa para uma série de jogos amistosos, muitos deles jogados em condições para lá de adversas. Foi assim que, debaixo da neve, o Atlético Mineiro tornou-se o tal "campeão do gelo", obtendo seis vitórias e apenas duas derrotas em um total de dez partidas. Pronto, agora você pode dormir em paz.

O GOL MAIS RÁPIDO DE TODOS OS TEMPOS ("O GOL", NÃO "OS GOLS"; NÃO ESTAMOS FALANDO DO 7X1 AINDA...)

O que você consegue fazer em 2,4 segundos? Com esse tempo não conseguimos sequer pensar no que faríamos, mas para o jogador árabe Nawaf Al Abed, do clube Al-Hilal, foi tempo suficiente para marcar um gol do meio de campo após o pontapé inicial ao perceber que o goleiro do Al-Shoulla não estava na linha do gol. O feito, realizado em 7 de novembro de 2009, é hoje contestado como "gol mais rápido da História" devido à anulação da partida (aparentemente, jogadores inelegíveis foram escalados para o jogo), mas, como não estamos nem aí para as intrigas da oposição, fica o registro da proeza do rapaz.

MAS ISSO É NOME DE TIME OU PALAVRÃO?

Nooit Opgeven Altijd Doorgaan, Aangenaam Door Vermaak En Nuttig Door Ontspanning. Não, a gente não está te xingando ou rogando uma maldição. Este é o nome completo do NOAD ADVENDO Combinatie Breda, ou simplesmente NAC Breda, o clube de futebol com o maior nome dentre todos os times deste mundão. Fundada na Holanda em 1912, a equipe é resultado da fusão de dois clubes: o NOAD e o ADVENDO. Enquanto NOAD é uma abreviação holandesa para Nooit Opgeven Altijd Doorgaan (Nunca Desista, Sempre Persevere), ADVENDO significa Aangenaam Door Vermaak En Nuttig Door Ontspanning (Agradável Para o Seu Entretenimento e Útil Para o Seu Relaxamento). Já o Combinatie que integra o "C" do NAC provém da palavra "Combinação" mesmo (ufa!), enquanto Breda é o nome da cidade-sede do time. Tá bom ou quer mais holandês?

O DIA EM QUE DENNYS DEIXOU LUÍS FABIANO NO CHINELO

Dennys tem um momento de glória no futebol para chamar de seu. Em um dos churrascos de final de ano promovidos pela chefia da 89, o jogador Luís Fabiano foi convidado para participar de uma pelada com o pessoal do *Quem Não Faz Toma*. Dennys optou por ficar na zaga porque, segundo o próprio, "quanto mais perna de pau você é na pelada, mais fica para trás, até ser o goleiro ou o dono da bola". Em dado momento do jogo, quando Luís Fabiano veio com a bola na direção de Dennys, o último homem, nosso rapaz deu o bote no craque e roubou a bola, correndo para comemorar como se tivesse feito gol em final de Copa. Nós te entendemos, Dennys.

NÃO SABE BRINCAR, NÃO DESCE PRA LUA

Neil Armstrong, o primeiro homem a pisar na Lua em 20 de julho de 1969, queria porque queria ter levado uma bola de futebol na mala de viagem, mas a agência espacial NASA achou que o esporte não era suficientemente americano para merecer tais holofotes. Como diria Valesca Popozuda, "Beijinho no ombro pro recalque passar longe...".

OLÊ, PORCO!

De acordo com a FIFA, uma bola de futebol oficial deve obedecer aos seguintes critérios: ser redonda (nada de bola quadrada, Quico!), ostentar uma circunferência de no mínimo 68 e no máximo 70 centímetros, pesar entre 410 e 450 gramas e ser feita de couro ou material aprovado pela organização. É muito frufru pro seu gosto? Pois saiba que, nos primórdios desse esporte, a bola era feita de bexiga de porco envolta em couro. Qual você prefere agora, hein?

DENNYS

Deu até dó dos Peppa Pig

ANGELO, JOGADOR DO PALMEIRAS?

Angelo Campos, este são-paulino fanático, por pouco não se tornou um jogador profissional – e torcedor! – do Palmeiras. Isso porque seu pai, o palmeirense seu Alcides, o levou para jogar nas categorias de base do time aos nove anos. Angelo atuou como pivô no futebol de salão e como zagueiro no campo, jogando pelo clube até os 17 anos de idade. Para "piorar" para o lado dele, seu Alcides pedia que o filho beijasse a camisa a todo gol marcado – um pedido constantemente negado e seguido por um "tô fora!". Não se pode dizer que o pai do Angelo não tentou, né?

QUEM DEU A BOLA FOI O SANTOS

O Santos é o time brasileiro que mais ostenta jogadores campeões mundiais, com um total de 11 atletas integrantes das Seleções das Copas de 58, 62 e 70.

OS CURIOSOS CASOS DA TAÇA JULES RIMET

A Taça Jules Rimet, prêmio oferecido aos campeões da Copa do Mundo até o ano de 1970, tem uma história para lá de cinematográfica. Criada em 1930 para a primeira edição do Mundial e originalmente chamada "Vitória", a taça foi escondida na Itália durante o período da Segunda Guerra Mundial pelo então vice-presidente da FIFA, Ottorino Barassi, pois temia-se que os nazistas pudessem roubá-la. Os safados não tiveram a oportunidade, mas o primeiro roubo do troféu aconteceria anos mais tarde, no dia 20 de março de 1966. Nessa data, a taça, agora chamada Jules Rimet em homenagem ao terceiro presidente da FIFA e idealizador da Copa do Mundo, se encontrava em Londres, na Inglaterra, para o Mundial daquele ano, tendo sido exposta na igreja Westminster Central Hall e roubada em um momento de distração ocasionado por uma cerimônia religiosa. O prêmio seria encontrado sete dias depois na própria cidade por um simpático cachorrinho chamado Pickles, que topou com a taça jogada em um quintal e embalada em jornal. O que parecia um final feliz, no entanto, se tornaria novamente um caso de polícia em 1983. Em posse definitiva da Taça Jules Rimet por ter conquistado três Copas do Mundo, o Brasil dispôs o prêmio na sala de troféus da sede da CBF, no Rio de Janeiro, mas nem mesmo a proteção assegurada por um vidro à prova de balas impediu que ela fosse novamente roubada. O crime, planejado pelo representante do Atlético Mineiro na CBF, Sérgio Peralta, jamais foi solucionado, e atualmente tudo o que resta da atribulada Jules Rimet é uma réplica mantida na sede da Confederação Brasileira de Futebol. Embora se tenha afirmado que a taça foi derretida, a verdade é que o mistério sobre seu destino permanece no ar. E, se isso não rende um filme, não sabemos o que mais rende.

PIRIRI? AQUI, NÃO!

Sabe aquela conversa de que é feio recusar a comida da casa de seu anfitrião? Não colou com a Seleção Brasileira de 1962. Como o Brasil pegou o Chile nas semifinais e tal país era a sede do Mundial naquele ano, nós, que não somos bestas nem nada, nos recusamos a comer o que era preparado por eles, com receio de algum revertério no dia decisivo. Assim, a Seleção Canarinho optou por convocar o dentista da equipe, Mário Trigo, para comprar ingredientes e preparar sanduíches para as refeições antes da partida.

ESSES ARGENTINOS SÃO UM BANDO DE CAVA... NÃO, PERA!

Sabe qual é a Seleção que mais acumulou cartões vermelhos em Copas do Mundo até hoje? Se você pensou "Argentina", pensou certo. Mas não fique aí achando que a gente tá longe, não, viu? Enquanto os *hermanos* têm um total de dez cartões vermelhos, nós "ostentamos" o segundo lugar, com a soma de nove cartões.

É MERMO, É?

DISTRAÍDO? QUEM, EU?

Na semifinal entre a Itália e a Argentina durante a Copa do Mundo de 1990, o árbitro Michel Vautrof foi "gente como a gente": ficou de boca aberta, esqueceu de olhar para o relógio durante o primeiro tempo da prorrogação e deixou a partida rolar OITO minutos além do tempo regulamentar.

DOUTOR, EU NÃO ME ENGANO, O TATOLA É... CORINTIANO?

Ricardinho e Tatola têm uma longa tradição de apostas futebolísticas, que culminam sempre com o Tatola perdendo e sendo obrigado a pagar um mico pior que o outro. Em 1990, na final do Campeonato Brasileiro entre Corinthians e São Paulo, Tatola apostou na vitória Tricolor e deu com os burros n'água. Resultado? Teve que usar a camisa do Corinthians no show de sua banda da época, o Não Religião, no Ginásio do Ibirapuera. Se você achou ruim, mal sabe o que ele aprontou em sua aposta mais recente. Tatola afirmou que, caso o Palmeiras perdesse a final do Campeonato Paulista de 2018, ficaria peladão no trabalho. Bem, não precisamos dizer que, a partir daquele fatídico 10 de abril de 2018, o pessoal que se encontrava nos bastidores da 89 passou a necessitar de auxílio psicológico.

AI, JESUUUS!

aurora
umbro
CAIXA
#ForçaChape

MAS QUE #@$%& QUER DIZER ISSO MESMO, HEIN?

PELADA

Ao contrário do que a gente pensa, a expressão "pelada", que designa as partidas amadoras de futebol, não possui qualquer ligação com mulher nua ou coisa do gênero. Embora ainda não haja um consenso sobre as reais origens do termo, o professor de português Ari Riboldi supõe que ele seja proveniente da palavra "péla", variação do latim "pila", que significa bola. Como as primeiras bolas de futebol eram feitas de couro cru com pelo, é possível que "pelo" tenha se misturado a "péla" e originado a expressão "pelada", que, diga-se de passagem, é tradicionalmente disputada em várzeas onde não há grama, ou seja, em "terra pelada". Foi da pelada, inclusive, que nasceu o próprio *Quem Não Faz Toma*: Ricardinho, Angelo, Dennys e Tatola

TATOLA

Hoje em dia só o Negão e eu jogamos, os outros dois são vacilões.

RICARDINHO

Sabe o Ronaldo Fenômeno? Ele se aposentou e eu falei: "vou seguir os passos dele".

ANGELO

Mas o Ronaldo depois que machucou o joelho ganhou uma Copa, né?

costumavam jogar o "Futebol de Segunda", pelada promovida há mais de 25 anos entre artistas e funcionários de rádios e gravadoras, e as conversas pós-jogo recheadas de zoeira e risadas foram a semente do que viria a se tornar o programa de rádio.

MARMELADA

Toda vez que assistimos a uma partida de futebol e desconfiamos de que o árbitro deu uma mãozinha para determinado time ou que o *fair play* passou longe, dizemos que tudo não passou de "marmelada". Mas você sabia que essa expressão tem origem na culinária? Quando alguém quer fazer um doce de marmelo ficar maior, usa chuchu para que o quitute aumente de tamanho. Isso mesmo, um belo e insosso chuchu. Essa "malandragem" da cozinha, portanto, indica quando há alguma enganação na área – especialmente na grande área.

GOL OLÍMPICO

Se você pensa que o gol olímpico tem esse nome por causa das Olimpíadas, está completamente certo – e errado. Vamos explicar o rolo: o nascimento oficial desse gol ocorreu no dia 2 de outubro de 1924 em um amistoso entre o Uruguai e a Argentina. O ponta-esquerda argentino Cesáreo Onzari foi o responsável por aquele feito inédito, e como a Seleção Uruguaia ostentava a alcunha de "Celeste Olímpica" por conta da conquista do ouro nas Olimpíadas daquele ano, não demorou para que os argentinos, vencedores da partida, tirassem uma casquinha dos rivais ao batizar a proeza de Onzari.

LANTERNA

A expressão "lanterna", usada frequentemente no futebol para se referir ao último colocado na tabela de classificação, tem origem na Tour de France, tradicional competição francesa de ciclismo realizada desde 1903. Nesse torneio, o pobre ciclista que vinha por último era chamado de "lanterna vermelha", em referência às luzes vermelhas que os trens ostentam na traseira da composição. Além disso, era comum que o último vagão dos trens também contasse com um funcionário munido de um lampião, o que reforçou a popularidade do apelido.

FRANGO

Todo goleiro treme com a possibilidade de tomar um "frango", como é chamada a falha de se deixar a bolar entrar vergonhosamente no gol. O termo surgiu pela primeira vez na década de 1940, da boca – ou, no caso, da caneta – do jornalista Zé de São Januário, que se exaltou ao ver o goleiro de seu time, o Vasco da Gama, tentar defender uma bola e vê-la passar mesmo assim. É certo que nosso Zé presenciou aquela cena e pensou em uma galinha fujona, pois quem já correu atrás dessas criaturinhas sabe a facilidade com que elas nos driblam e nos deixam lá, ajoelhados, e humilhados tal qual um goleiro que deixa entrar AQUELE gol.

CRAQUE

A palavra "craque" deriva da expressão inglesa "crack horse", utilizada no universo das corridas de cavalo para se referir ao melhor equino de uma competição.

CARTOLA

Na época em que o futebol não era "coisa da gentalha", como diria Dona Florinda, os dirigentes dos clubes eram de tal forma pomposos que ornavam suas cacholas com cartolas. Com o tempo, tal acessório deu origem ao termo maroto usado para designar um dirigente que gosta de tirar vantagens de seu cargo.

GOL DE PLACA

Essa expressão tem uma daquelas histórias que fazem a gente entender por que o futebol é tão apaixonante. O "gol de placa" existe por causa de Joelmir Beting, jornalista aficionado por futebol que compareceu a uma partida entre Fluminense e Santos no Maracanã, válida pelo Torneio Roberto Gomes Pedrosa, no dia 5 de março de 1961. Nesse fatídico jogo, Pelé marcou um dos gols mais bonitos de sua carreira, driblando seis jogadores e disparando a bola na rede, para o delírio da arquibancada. Joelmir, fascinado pela proeza do Rei, mandou fazer do próprio bolso uma placa de bronze com a seguinte inscrição: "Neste campo, no dia 5-3-1961, Pelé marcou o tento mais bonito da história do Maracanã". A placa foi colocada no saguão do estádio, e desde então qualquer gol que arrancasse o ar da torcida viria a ser conhecido como um "gol de placa". No aniversário de 50 anos desse gol, Pelé presenteou Joelmir Beting com uma placa com os seguintes dizeres: "Gratidão eterna ao Joelmir Beting. Gratidão eterna do autor do gol de placa ao autor da placa do gol". É de arrepiar!

ZEBRA

A expressão "deu zebra" tem origem no famoso jogo do bicho. Entre os 25 animais que compõem seu "zoológico", não há uma única zebrinha. Portanto, quando alguém diz que "deu zebra" no jogo, quer dizer que um resultado improvável aconteceu.

VOLANTE

Antes que você comece a viajar na maionese, não, não tem nada a ver com carro. No futebol de algumas décadas atrás, a posição de meio de campo priorizava o ataque, mas havia alguns gatos pingados que subvertiam a regra e jogavam mais na defesa, como era o caso do atleta argentino Carlos Volante. Foi ele quem popularizou a função de meio-campista defensivo no Brasil, em sua passagem pelo Flamengo, fazendo com que tal posição ganhasse seu sobrenome em homenagem.

ZAGA

"Zaga" é uma palavra espanhola do jargão militar que se refere à última linha de uma tropa. Zagueiro é, portanto, uma derivação desse termo, que não é o único disponível quando nos referimos à posição de defesa no futebol: também usamos o termo "beque", palavra aportuguesa proveniente do termo inglês "back", que significa fundo ou parte traseira. Viu? *Quem Não Faz Toma* também é cultura.

CHALEIRA

Embora seja tentador pensar que existe, não há nenhuma relação entre o gol de chaleira e aquele objeto de cozinha flutuando em sua mente neste exato momento. A expressão tem origem no nome de... adivinhe só... Charles Miller. Como o rapaz foi apontado como o criador da jogada, ela recebeu o nome de "charles" em sua homenagem. Só não nos pergunte como foi de "charles" para "chaleira", porque aí é forçar a amizade!

TOMAR UM CHOCOLATE

Como é que uma coisa tão gostosa quanto chocolate pode significar algo tão amargo no futebol? A gente explica o rolo: no dia 25 de janeiro de 1981, durante uma partida entre o Vasco e o Internacional que culminou em um placar de 4x0 para o time carioca, o radialista Washington Rodrigues cantou um verso da canção "El Bodeguero", de Ricard Egües, que lhe pareceu resumir perfeitamente o momento: "Toma chocolate / Paga lo que debes" (Tome chocolate / Pague o que deve). Como muitos torcedores tinham o costume de levar seus radinhos de pilha para o estádio, a música logo colou na torcida e a expressão se imortalizou.

TORCEDOR

A expressão "torcedor" foi cunhada pelo jornalista Coelho Neto no início do século passado, época em que, como já sabemos (você leu o capítulo todo, não leu? Não mente que é feio), o futebol era esporte de gente grã-fina. Nas suas observações da arquibancada durante os jogos, Coelho Neto notou que as abastadas mulheres *torciam* suas luvas de tanta ansiedade, o que o impeliu a denominá-las torcedoras.

A TRUPE E O FUTEBOL

RICARDINHO
COMO ME TORNEI CORINTIANO

Nasci em 18 de maio de 1965, mas considero que só me tornei uma pessoa no dia 5 de dezembro de 1976, quando houve a Invasão Corintiana ao Maracanã. Mais de 70 mil corintianos viajaram até o Rio de Janeiro, no que foi considerado o maior deslocamento de uma torcida visitante de todos os tempos, para ver aquela partida entre o Timão e o Fluminense que valia uma vaga para a final do Campeonato Brasileiro. Eu tinha 11 anos e estava acompanhando da TV aquelas imagens dos corintianos nas estradas, do Maracanã dividido... Aquele jogo foi emocionante demais. Estava chovendo, e eu lembro bem do meu primeiro ídolo, o Ruço, fazer o gol e mandar beijo para a torcida. O Corinthians começou aquele jogo perdendo, mas conseguiu empatar e levar a decisão para os pênaltis. E vi o Tobias agarrar aquelas duas cobranças e o Corinthians se classificar para a final. Naquele dia, minha vida começou. Naquele dia, virei corintiano de verdade.

TIME DOS SONHOS

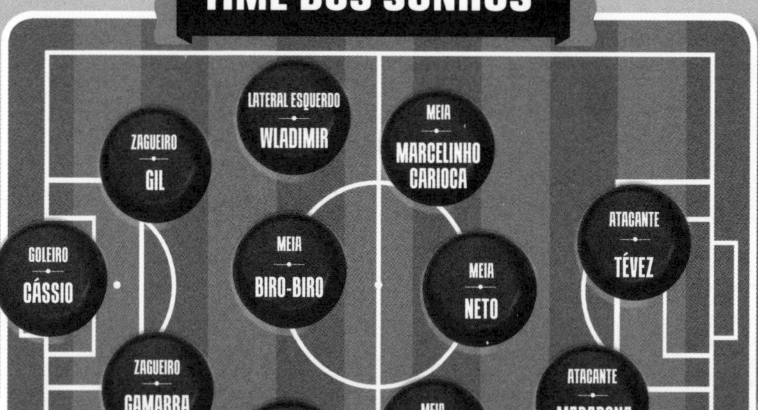

ANGELO

COMO ME TORNEI SÃO-PAULINO

Minha história com o São Paulo é muito doida e também tem a ver com "invasão", como a do Ricardinho. Meu momento de "descoberta" aconteceu na final entre o Corinthians e o Tricolor no Campeonato Paulista de 1982, quando eu tinha 5 anos. No momento em que o Corinthians venceu, um grupo de vizinhos invadiu minha casa para sacanear o meu pai... que era palmeirense. Aquela zorra só parou quando minha avó botou todo mundo pra correr, mas eu lembro de ter pensado: "É desse time que eu não vou gostar". E como eu era muito pequeno para discernir as coisas, achei que meu pai estivesse sendo zoado porque era são-paulino. Foi assim que eu me vi torcedor do São Paulo, e quando meu pai descobriu, se conformou pensando: "Antes são-paulino que corintiano!". Com o tempo, fui alimentando essa paixão e me vi torcendo para o São Paulo à maneira que torcia para a Seleção de 1982, vibrando e sofrendo. E, quando vi, já era meu time do coração. Não dá para explicar, né?

TIME DOS SONHOS

Aprendi a gostar do Palmeiras por causa da minha mãe, palmeirense fanática. Eu tinha o sonho de me tornar jogador do Palmeiras, e não era ruim de bola, não. Eu jogava e jogo até hoje como meia e ponta. Sempre fui mais habilidoso, não dava para ser zagueiro. Eu não era craque, mas também não era besta; para jogar na várzea, não podia vacilar, e eu era folgado pra caramba. Na várzea não há lei, e eu joguei em vários times até perceber mais tarde que aquilo não era pra mim. Mas a questão é que sempre amei futebol, sempre amei meu time. Vi o Palmeiras ganhar o título paulista de 1976 lá do trampolim do Parque Antártica e vi a final da Libertadores de 1999 ali atrás do gol sem ter ingresso para o estádio. É um amor incondicional, irmão. É pra vida toda. Você pode trocar tudo na vida, menos os filhos e o time de futebol. E posso falar: amo os meus filhos e amo o Palmeiras.

TIME DOS SONHOS

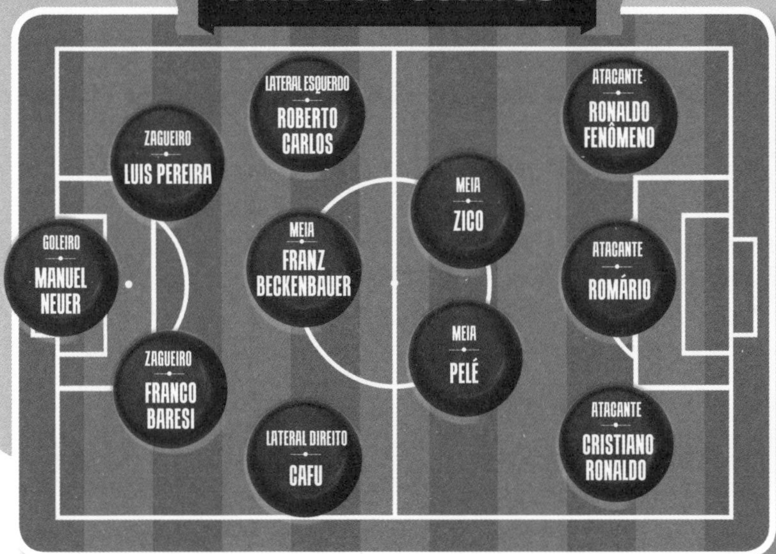

E O DENNYS, TORCE PARA QUE TIME?

Isso aí é um mistério, e o próprio não revela a verdade nem a pau. Será Dennys palmeirense? Corintiano? São-paulino? Santista? Você decide.

TIME DOS SONHOS

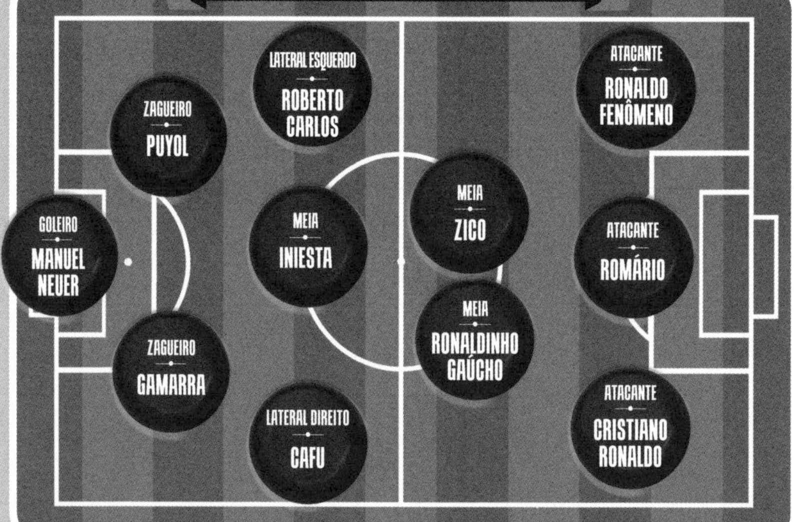

PALMA VIOLETS
Corinthiano &
Maloqueiro &
Sofredor.
Jardim Irene

89 A RADIO ROCK
PulsarMultimedia
Hora 19
SUNDAY SHE
A RADIO

RÁDIO É PRA GENTE FEIA?

INTRODUÇÃO

Stanislaw Ponte Preta já dizia: "Televisão é máquina de fazer doidos". Mas se você perguntar o que é rádio para o Tatola, ele dirá que é a própria loucura. Só pode! Afinal, que tipo de meio de comunicação é este que contrata quatro doidos para falar no seu ouvido enquanto você está enfiado no meio do trânsito? Pois é. Mas vai falar que não gosta? Rádio é isso, um bando de vozes para um bando de gente disposta a ouvir de tudo: música, notícias, histórias ou até mesmo um bando de malucos. A gente aposta que você sabe direitinho como sintonizar na 89, mas não tem ideia da história por trás dessa coisinha com nome de elemento da tabela periódica. Pois fique no ar que a gente vai explicar, e de quebra abordar as histórias radiofônicas do inigualável, inimitável e imparável *Quem Não Faz Toma*.

LINHA DO TEMPO

1890

Roberto Landell de Moura, um padre cientista brasileiro, realiza a primeira transmissão sem fio de fala por meio de um sistema de ondas eletromagnéticas, tornando-se o precursor da tecnologia radiofônica.

1896

Guglielmo Marconi, cientista italiano, promove a transmissão sem fio do código Morse pelo Canal da Mancha.

1906

O inventor canadense Reginald Fessenden realiza em Massachusetts, nos Estados Unidos, aquela que é considerada a primeira transmissão radiofônica do mundo com fins de entretenimento.

1916

Em Nova York, o inventor americano Lee De Forest coloca no ar aquele que é considerado o primeiro programa de rádio da História.

1920

Em Pittsburgh, Estados Unidos, surge a KDKA, considerada a primeira estação de rádio do mundo.

1922

No Rio de Janeiro, um discurso do então presidente Epitácio Pessoa durante o centenário da Independência se torna a primeira transmissão de rádio oficial do Brasil.

1923

Henry Morize e Edgard Roquette-Pinto criam a Rádio Sociedade do Rio de Janeiro, a primeira estação radiofônica brasileira.

1935

Criação do programa *Hora do Brasil* pelo presidente Getúlio Vargas. No mesmo ano, em São Paulo, as rádios América e Kosmos se tornam pioneiras na apresentação de programas de auditório.

Certeza que o Tatola foi radialista deles. ”

DENNYS

1938

Fundação da Rede Verde e Amarela, a primeira rede de rádios nacional.

1941

Lançamento de *Em Busca da Felicidade*, a primeira radionovela do Brasil.

1947

A Rádio Globo e a Rádio Nacional se tornam pioneiras na criação de redações jornalísticas exclusivas para o rádio.

1955

Fundação da Rádio Imprensa, a primeira estação de rádio em FM.

1958

Criação da emissora Merkur, considerada a primeira rádio pirata do mundo.

Está enganado, Tatola, eu nasci em 1977."

O cara mais f$#@ nasceu neste ano."

1963

O Código Brasileiro de Radiodifusão é instituído.

1965

Integração do Brasil ao INTELSAT para transmissões radiofônicas e televisivas via satélite.

1973

Criação da Rede Transamérica. A partir desse ano, as emissoras de rádio brasileiras se alinham ao modelo americano, caracterizado pelo humor, a descontração e o uso frequente de música.

1980

Início da implantação de computadores nas estações de rádio.

1983

A emissora AM Rádio Gaúcha se torna pioneira na transmissão de notícias 24 horas por dia.

1985

Criação da 89 FM e da Brasil 2000.

1989

A BandSat AM se torna a primeira rede de rádio comercial do Brasil a transmitir via satélite.

1990

Surgimento das transmissões de rádio via internet.

1996

A Manguetronic se torna a primeira rádio brasileira a operar pela internet. Também nesse ano, em São Paulo, a Rádio CBN começa a transmitir no FM a mesma programação do AM.

1997

Criação da Anatel (Agência Nacional de Telecomunicações).

1998

Regulamentação das rádios comunitárias no Brasil sob a Lei n. 9.612.

2000

Os celulares passam a permitir a transmissão radiofônica em FM.

2004

O uso do *podcast*, dispositivo digital de áudio, começa a se popularizar nas transmissões radiofônicas pela internet.

2005

A BandNews se torna a primeira rede em FM a transmitir notícias 24 horas por dia.

2012

No dia 9 de maio, a rádio brasileira é agraciada com o lançamento do *Quem Não Faz Toma*, o maior programa de todos os tempos.

A HISTÓRIA DO RÁDIO DÉCADA A DÉCADA

COMO ERA NO INÍCIO?

Se hoje você pode escutar Dennys, Tatola, Angelo e Ricardinho se sacaneando no *Quem Não Faz Toma*, agradeça aos esforços do padre brasileiro Landell de Moura. Não, ele não rezou pela alma dos caras. Landell de Moura foi a primeira pessoa a utilizar ondas eletromagnéticas para a transmissão da voz humana sem o uso de um único fiozinho – mesmo porque, se usasse, virava telefone, correto? Deste modo, padre Landell tornou-se pioneiro da tecnologia do rádio, mas jamais alcançou o devido prestígio por sua proeza. Aqueles que acabaram levando a fama de pais do rádio foram o italiano Guglielmo Marconi e o canadense Reginald Fessenden, respectivamente responsáveis pelo telégrafo sem fio e pela primeira transmissão radiofônica de entretenimento da História, ocorrida em 1906 nos Estados Unidos. Não vá pensando, porém, que o rádio foi de cara explorado para o deleite das audiências; antes da década de 1920, sua principal função era permitir a comunicação entre navios, o que o tornou fundamental durante a Primeira Guerra Mundial (1914-1918) para a transmissão e recebimento de mensagens entre as tropas. Assim, a rádio como a conhecemos só começou a ser realmente concebida na década seguinte, isto é, nos anos 1920.

OS ANOS 1920

A primeira rádio comercial licenciada da História foi a KDKA, da cidade de Pittsburgh, nos Estados Unidos. Fundada em 1920, a KDKA iniciou seus trabalhos em 2 de novembro de 1920, tendo como atração inaugural a transmissão dos resultados da eleição presidencial americana. Enquanto isso, na Europa, a Inglaterra dava as boas-vindas à BBC (British Broadcasting Company) no dia 14 de novembro de 1922, que se estabeleceria como o principal veículo radiofônico do Reino Unido até os dias atuais.

Na metade dos anos 1920, os Estados Unidos já contavam com mais de 600 estações de rádio, que investiram pesado em profissionalização e aprimoramento em termos de entretenimento, encerrando a década com duas das redes que se tornariam gigantes da indústria: a NBC e a CBS. A consolidação da rádio no mundo seria acompanhada de perto pelo Brasil, que em 1922 já realizava sua primeira transmissão radiofônica oficial: um discurso do presidente Epitácio Pessoa sobre o centenário da independência brasileira. Um ano mais tarde, o país ganharia sua primeira emissora pelas mãos de Henry Morize e Edgard Roquette-Pinto, que fundariam a Rádio Sociedade do Rio de Janeiro. Com uma programação de caráter elitizado que incluía informações sobre a vida cultural do Rio e a transmissão de óperas, a pioneira emissora seria transformada anos mais tarde na governamental Rádio MEC (Ministério da Educação e Cultura).

“Hoje em dia a qualidade melhorou muito com o *Cantation*.

RICARDINHO

OS ANOS 1930

A década de 1930 é considerada por muitos a Era de Ouro do rádio no mundo. Com o avanço da tecnologia, o rádio se tornou mais acessível para a população, e isso o transformou no aparelho mais valorizado da sala de estar até o advento da TV. Ao final da década, mais de 28 milhões de casas americanas recebiam transmissão radiofônica, que transformou a maneira como as pessoas lidavam com a informação e o entretenimento. Basta, por exemplo, lembrar da comoção ocasionada pela tragédia do dirigível Hindenburg em 1937, narrada pelo indisfarçadamente comovido repórter Herb Morrison. Tal "humanização" da notícia proporcionada pelo rádio também veio a beneficiar o presidente americano Franklin Roosevelt, que se utilizou do veículo em seus discursos para aproximar sua fala do povo.

No Brasil, não menos esplendorosa foi a tal Era do Rádio. Com seu crescimento como veículo de comunicação de massa em um país que ascendia economicamente, o rádio foi responsável pela divulgação dos principais artistas da época no Rio de Janeiro, então capital política e cultural do país, catapultando nomes que se consagraram em nossa história musical, como Carmen Miranda e Francisco Alves. Nesse período, a Rádio Nacional destacou-se como a mais importante emissora radiofônica, devido aos gordos investimentos do governo Vargas para seu uso como veículo de propaganda do regime – que também contou com o DIP (Departamento de Imprensa e Propaganda), órgão que desempenhou papel fundamental na censura radiofônica. Nem tudo eram flores, afinal de contas.

OS ANOS 1940

A primeira metade da década de 1940 foi marcada pela Segunda Guerra Mundial (1939-1945). A forte influência do rádio na sociedade ficou clara ao longo do conflito, não só porque as emissoras informavam a situação dos fronts, mas também porque foram usadas para fins de propaganda política. Foi pela transmissão radiofônica que os americanos souberam do ataque a Pearl Harbor, no Havaí, pouco tempo depois da investida japonesa em 7 de dezembro de 1941. Era também pelo rádio que a população dos EUA ouvia as análises do confronto feitas por ícones do jornalismo dos Estados Unidos na época: William Shirer e Edward R. Murrow. Ao término da Segunda Guerra, porém, a televisão cresceu como veículo de comunicação de massa, o que fez com que muitos dos grandes ícones radiofônicos e os bem-sucedidos programas que integravam migrassem para a nova mídia, encerrando a Era de Ouro do rádio americano.

No Brasil, os anos 1940 foram marcados pelos programas de auditório, encabeçados especialmente pela Rádio Nacional. *O Trem da Alegria*, uma das principais atrações do gênero, apresentada pelo radialista Heber de Boscoli, era sediada no Teatro Carlos Gomes, região central do Rio de Janeiro, em razão de seu grande apelo entre o público, enquanto o *Programa César de Alencar*, na ocasião de seu 10º aniversário, reuniu no Maracanãzinho aproximadamente 18 mil fãs, no dia 11 de junho de 1955. Como tais programas notavelmente provaram, a Era de Ouro ainda tinha fôlego nas terras brasileiras.

89 FM A RADIO ROCK

OS ANOS 1950

Com a ascensão cada vez maior da TV, que já havia se iniciado na década passada, a rádio dos anos 1950 precisou repensar sua programação para atrair de volta os fujões e manter o público cativo. Assim, houve um enfoque maior no âmbito da informação em detrimento do entretenimento e dos programas de variedades e novelas, com as fichas apostadas em formatos como *talk shows* e transmissões esportivas. No mesmo período, em uma marcha lenta e implacável, o jazz das *big bands*, tão características da Era de Ouro do rádio americano, cedia lugar ao rock'n'roll, em um movimento iniciado pelo DJ Alan Freed em uma rádio de Cleveland, Ohio, que tomou a América e o mundo com o ritmo frenético e dançante de gênios como Elvis Presley, Little Richard e Chuck Berry.

Enquanto isso, no Brasil, a rádio não só vivia ainda seus tempos áureos como buscava "vender" seu *glamour* ao público, inspirando-se, no caso da Rádio Nacional, em Hollywood, com a implantação do "sistema de estrelas", que consistia em reunir um conjunto de artistas e cuidar de suas imagens no intuito de torná-los grandes astros. Foi nesse contexto que ganhou ares inimagináveis o concurso "Rainha do Rádio". Promovido pela *Revista do Rádio*, os ouvintes eram instados a votar em sua cantora favorita, que seria então alçada ao desejado posto que dava nome ao concurso.

Se fizessem o "rei do rádio" hoje em dia eu ganhava fácil.

DENNYS

Só se o quesito fosse "pior inglês".

RICARDINHO

Com o Brasil incendiado pela competição, brigas eram frequentes entre os fã-clubes das divas, e duas muito famosas foram protagonistas da maior rivalidade da história radiofônica brasileira: Emilinha Borba e Marlene. O Brasil, como você pode ver, nunca foi para iniciantes.

OS ANOS 1960

Se há algo que define a música nos anos 1960 para além de Beatles e Rolling Stones, esse algo se chama "rádio transistorizado". Pode até parecer palavrão, mas esse "transistorizado" fez toda a diferença, já que consistiu na tecnologia dos rádios portáteis. Pela primeira vez o rádio cabia no bolso, e isso representou uma mudança na maneira como as pessoas – em especial, os jovens – podiam ouvir música. Assim, o rádio da década de 1960, de fôlego renovado na era da contracultura, estava nas ruas, nas rodas de amigos e, sobretudo, nos carros, tornando-se parte do cotidiano das pessoas da mesma maneira que os atuais smartphones. Para acompanhar os gostos dessa sociedade em efervescência, as emissoras se segmentaram na busca de diferentes estilos musicais, variando desde o cada vez mais popular rock'n'roll até a tradicional música country.

No Brasil, a popularização da TV enfim desestabilizava a soberania radiofônica, tal como ocorrera nos Estados Unidos a partir do final dos anos 1940. Forçada a também apostar na informação e na música para manter sua audiência, a rádio brasileira ao menos contou rapidamente com a tecnologia do rádio portátil para manter o fôlego, à diferença da experiência americana. O que de fato marcou a década, porém, foi o Golpe Militar de 1964, que tomou como uma de suas principais bandeiras a repressão dos meios de comunicação, o que tornou o rádio tanto um lugar de propaganda do regime quanto de resistência, por meio da transmissão de manifestos de guerrilheiros.

A era das radionovelas e das rainhas do rádio havia terminado.

Em 2014, o *Quem Não Faz Toma* resgatou as radionovelas. As produções são estreladas pelos apresentadores e contam com participações especiais e até música de abertura! Tudo isso em uma rádio de rock! *Morte no Ar*, *Chifrudos*, *Longe do Coração*, *Padrão CBF*, *Jogo dos Tronos* e *Moléstias em Família* foram algumas das radionovelas produzidas pela trupe!

OS ANOS 1970

Nos Estados Unidos da década de 1970, a rádio FM, com sua alta qualidade sonora e alcance relativamente limitado, veria sua popularidade crescer em decorrência da disseminação dos rádios portáteis, tornando-se a principal difusora de música no país. A AM, diante de tal avanço, passou a investir nos programas de opinião para recuperar seu público – uma escolha que tenderia a crescer na década seguinte, como se pôde ver em rádios outrora completamente musicais, como a WRKO, de Boston, a WABC, de Nova York, e a KLIF, de Dallas. Nessa disputa entre as faixas, a FM acabaria se destacando por oferecer ao público uma grade de programação mais atraente, muitas vezes com seleções musicais alternativas, transformando-se na faixa dominante no final da década.

Enquanto isso, no Brasil acossado pela ditadura militar, as rádios FM, que na década anterior haviam surgido apenas com aquelas batidas musiquinhas de ambiente, converteram-se nos anos 1970 em emissoras de dedicação exclusiva à música comercial. Ainda que a AM mantivesse um público cativo com sua programação musical já considerada cafona na época, foi pela faixa FM que a música de fato ganhou fôlego, com as rádios apostando em estilos efervescentes como o rock e o pop, especialmente na segunda metade da década. A FM estava, por fim, cravando seu nome na história da rádio nacional e internacional, e não havia nada que pudesse pará-la.

OS ANOS 1980

Acompanhando a trajetória da década anterior, os anos 1980 nos Estados Unidos estabeleceriam o triunfo da FM como faixa de melhor qualidade sonora, com estações segmentadas oferecendo os mais variados gêneros musicais, ao passo que a AM manteria sua estratégia de focar em programas de discussão, que se tornariam politicamente polarizados com o decorrer dos anos. O detalhe mais significativo acerca dessa década, porém, seria a constatação estatística de que o rádio ainda era, a despeito do advento da TV, a mais comum fonte de entretenimento e informação da população americana, com aproximadamente 99% dos lares estadunidenses ostentando aparelhos de rádio, contra 98% dos lares com TVs.

Assim como os Estados Unidos, o Brasil seguiria o ritmo da década anterior, com o desenvolvimento das rádios FM. Nesse período, que também marcaria o fim da ditadura militar e a implantação da democracia, o radiojornalismo foi impulsionado pelas rádios AM como uma saída não só para sua permanência no mercado, mas também para enfrentar a concorrência imposta pelas rádios FM, que apostavam, sobretudo, na segmentação por estilos musicais. É nessa onda que surgem estações como a 89 FM, que nasce para atender ao crescente nicho de fãs de rock, trazendo em seu time inicial de funcionários nosso querido Ricardinho e, um pouco mais tarde, a própria voz do rock brasileiro: Tatola.

OS ANOS 1990

No início dessa década, a recessão econômica abateu um grande número de estações radiofônicas dos Estados Unidos, o que forçou especialmente as rádios locais a fecharem acordos de compartilhamento de seus recursos.

Em outras palavras, estações de várias cidades foram compradas por grandes corporações, eliminando-se a "rivalidade" entre rádios locais. Com isso, ocorreu uma padronização das transmissões radiofônicas, pois passou-se a privilegiar aquela uniformidade característica das cadeias midiáticas, em detrimento da diversidade natural que marcava a cobertura local. Enquanto isso, no universo das rádios AM, sua impopularidade entre o público se reduzia com a subdivisão cada vez mais frequente da faixa em segmentos, que atendia a diferentes nichos pelo país.

No Brasil, os anos 1990 caracterizam-se pelo estabelecimento das rádios FM como líderes de audiência, embora muitas delas assumam várias das principais características das estações AM, como a transmissão de músicas populares e longos tempos de fala. A década também é marcada pelo grande número de aquisições de emissoras AM por instituições religiosas como a Igreja Universal do Reino de Deus e a Igreja Católica, bem como pela popularização da internet como instrumento de transmissão radiofônica – tendências que evoluiriam com a chegada do novo milênio.

TATOLA

Sabe quem evoluiu somente nessa década também? O Corinthians. ”

TUTUTUTUPÁ!

DE 2000 PARA CÁ

A rádio do novo milênio é moderna que só. De repente, tornou-se possível obter a transmissão radiofônica em FM pelos celulares, enquanto programas inteiros podiam ser gravados e disponibilizados na internet como *podcasts* para que fossem ouvidos quando se bem entendesse. A rádio digital que explodiu no período ofereceu um modo de transmissão de ondas curtas e médias com o uso do DRM (Digital Radio Mondiale), tornando possíveis transmissões internacionais de qualidade quase semelhante à das rádios FM. Isso representou, sobretudo, o triunfo da globalização pelos veículos de comunicação de massa, em um ritmo que só tende a crescer nos dias atuais.

No Brasil, a mesma tendência americana de operações radiofônicas em frequências digitais tomou conta das estações, o que, além de significar um grande avanço tecnológico, abriu um leque de cenários, com a exploração de novos modelos de negócios e menor consumo de energia. E agora você nos pergunta: como será a rádio daqui em diante? Ora, o futuro nos reserva suas usuais surpresas, mas podemos ter certeza de que o rádio, assim como antes, se adaptará às novidades tecnológicas, mantendo não só sua boa e velha linguagem como também sua eficiência como meio de informação e entretenimento nesta promissora era digital. Enquanto isso, "nóis tá como"? Aproveitando aquilo que a rádio oferece de melhor. Agilidade? Interatividade? Ah, tenham dó! Estamos falando do *Quem Não Faz Toma*.

AS GRANDES ATRAÇÕES DE HUMOR NO RÁDIO

OS SOBRINHOS DO ATAÍDE

Lançado pela 89 FM em 1995, o humorístico *Os Sobrinhos do Ataíde* foi um dos principais sucessos radiofônicos da década de 1990, com o impagável trio de apresentadores Paulo Bonfá, Marco Bianchi e Felipe Xavier. A atração consagrou-se não só por seu humor cheio de acenos à cultura e bordões que perduram até hoje na boca do povo, como o famoso "Xiiii, Marquinho", mas pelas hilárias situações encenadas pelos icônicos personagens, entre eles Peterson Foca, o autodenominado surfista que agia feito criança, Tuca Zazauera, um pseudointelectual autor de pérolas como "o homem enquanto ser humano dito racional", e o Mano Wladimir, o cara da periferia cheio de máximas como "tô só nas finalidade" e "cada um é cada um, cerrrto?".

DO BALACOBACO 2.ZÉ

Improvisação é a palavra de ordem no programa *Do Balacobaco 2.Zé*, comandado por Zé Luiz e integrado por Rafaella Rondelli, Bruna Thedy e Yuri Danka. Nessa atração de humor, não há roteiro definido; a conversa pode seguir um caminho até que um ouvinte ligue para o programa e mude completamente o rumo da prosa, ou seja, a surpresa é o elemento-chave aqui. Além dos divertidos bate-papos, o programa conta com notícias, jogos, prêmios e o bom humor de uma trupe pra lá de espirituosa.

PÂNICO

Lançado em 1993 pela Jovem Pan FM, o *Pânico* é um dos programas de humor mais bem-sucedidos da história do rádio. Ancorado por Emílio Surita, o humorístico destacou-se em seus primórdios pela maneira petulante e hilária como atendia às ligações dos ouvintes. Tal irreverência tornou-se a marca do humorístico, que também se caracterizaria por suas entrevistas "impiedosas" com celebridades. O sucesso do programa na rádio possibilitou que a atração fosse adaptada para a TV em 2002, trazendo muitos dos quadros mais queridos pela audiência, como os trotes e as sátiras.

CHUPIM

Exibido pela rádio Metropolitana FM desde 1996, o *Chupim* é um humorístico comandado pelo apresentador Marcelo Barbur, também conhecido como Beby, e integrado pelos humoristas Bartô e Veneno. A atração ficou marcada por seus famosos trotes telefônicos, incluindo imitações hilárias do presidente Lula, que ganharam repercussão fora do país. Se, no passado, o humorístico se caracterizou por uma pegada mais agressiva de humor, hoje se destaca por sua abordagem mais leve – e não menos impagável.

NA GERAL

Oitenta mil ouvintes por minuto. Parece loucura para você? Pois esta é a realidade do programa de futebol e humor *Na Geral*, apresentado por Beto Hora, Zé Paulo da Glória e Lélio Teixeira. Lançado em 1999, a atração mescla informações sobre o mundo da bola com as imitações e comentários dos personagens criados pelo mestre Beto Hora. Considerado por muitos o melhor imitador da rádio brasileira, o humorista satiriza ícones do futebol como Pelé, Vanderlei Luxemburgo e Muricy Ramalho nas discussões com os companheiros de programa, além de trazer à conversa seus hilários personagens, que se tornaram ícones da atração, como o velhinho palmeirense Charuto, a simpática copeira Dona Inês e o conquistador (barato!) Professor Sérgio.

DJALMA JORGE SHOW

Nas noites de sábado da Jovem Pan, nas décadas de 1980 e 1990, o então locutor Tutinha assumia a persona de Djalma Jorge e nos brindava com seu português maravilhoso – só que não – e humor irreverente. Mestre da improvisação e dono de bordões divertidos como "I love you, gata!" e "amigo-lhes", Djalma Jorge anunciava as canções da atração como se fossem novidades, apenas para que os ouvintes desavisados descobrissem, alguns segundos depois, que se tratava de antigos sucessos das discotecas. O programa contava ainda com sátiras de programas jornalísticos como o *Globo Repórter* e o *Jornal Nacional*, além daquele toque de humor negro que o tornava irresistível.

TRANSALOUCA 4.0

Apresentado por Micheli Machado, Fuzil, Rodrigo Pizcioneri e Galvão, o programa *Transalouca 4.0* é um *talk show* com forte pegada de humor que aborda temas do mundo artístico por meio de notícias e entrevistas. Temas polêmicos também não fogem da roda, bem como os hilários, trotes telefônicos e as irreverentes participações dos ouvintes, que divertem nossa hora do almoço.

CAFÉ COM BOBAGEM

Integrado pelos humoristas Zé Américo, Oscar Pardini, Ênio Vivona, René Vanorden, Robson Bailarino e Ivan de Oliveira, o programa *Café com Bobagem* diverte o público desde 1989 com seu humor afiado. Mestres da sátira artística, política e esportiva, os membros do humorístico se destacam ainda pelas divertidas interações com os ouvintes e imitações clássicas de celebridades, como Silvio Santos e Galvão Bueno.

É VERDADE ESSA HISTÓRIA AÍ?

COMO NASCEU O *QUEM NÃO FAZ TOMA*, POR TATOLA

O *Quem Não Faz Toma* nasceu das nossas peladas de segunda-feira, quando a gente parava para tomar cerveja e conversar sobre futebol e novela. Um belo dia, o Junior, dono da 89, nos perguntou: 'Vocês não querem fazer um programa de futebol?'. A gente não queria. A gente gosta de futebol, mas acha programa de futebol chato pra caramba. Mas topamos. O *Quem Não Faz Toma* começou como um programa de quarta-feira à meia-noite por conta dos jogos de quarta na TV. Quando a partida acabava, a gente entrava no ar e apavorava. Só que enquanto a gente assistia à novela e ao jogo, consumia uma cervejinha. Na hora do programa, irmão... já estávamos alterados! Era muito louco. O sucesso foi tamanho que a rádio pediu pra gente fazer o horário das 19h de segunda a quinta-feira. Nesta época, porém, uma notícia nos pegou de surpresa: a rádio, que na época já não tocava mais rock, seria por fim vendida para uma igreja. A 89, então, nos fez a seguinte proposta: transmitir a Rádio Rock via internet. Não tínhamos gostado muito da ideia, mas era o que dava para fazer. E como na semana seguinte a rádio seria extinta, resolvemos que nosso "programa final" seria desregrado e completamente dedicado ao rock'n'roll. Quem ia nos mandar embora? Naquela quarta-feira, entramos no ar à meia-noite e fomos até as três da madrugada. Um monte de gente ficou alucinada pedindo a volta da Rádio Rock. Naquela mesma semana, entramos no ar no sábado para dar um gostinho aos ouvintes e dizer: isso tudo vai pra web depois. Esse foi o dia que mudou nossas vidas. Entramos no ar ao meio-dia e eu disse: "ZYD 906 89,1 Megahertz São Paulo, 89 FM: a Rádio Rock". Foi uma bomba em São Paulo. No dia de arrendar a rádio, o Junior não quis fechar o negócio, foi uma confusão... Resumo: conseguimos o patrocínio do UOL e, no dia 21 de dezembro de 2012, a 89 voltou como Rádio Rock. E nós? Bom, a gente tá em primeiro lugar há anos no microfone mais forte de São Paulo, irmão.

A RÁDIO QUE TOCA EM SUA... BOCA?

Você já deve ter ouvido falar daquela lenda urbana que afirma ser possível ouvir rádio a partir de uma obturação dentária. Bem... Por onde a gente começa? Para que ocorra a decodificação das ondas enviadas por uma torre de rádio, é preciso que o receptor tenha, no mínimo, uma antena, um detector e um alto-falante – algo que, hum, não encontramos em uma obturação, geralmente feita de materiais como resina, prata e zinco. Pode fazer o teste; o máximo que você conseguirá será, provavelmente, uma dorzinha na mandíbula.

THE ZOEIRA NEVER ENDS

Se você acha que no Brasil a zoeira não tem limites é porque não conhece os parças da Inglaterra. No dia 1º de abril de 1976, a rádio BBC resolveu fazer uma pegadinha com os ouvintes e informou-os que a gravidade seria diminuída na Terra devido a um alinhamento dos planetas. E não é que as pessoas começaram a ligar para a estação dizendo que já estavam sentindo COISAS? Depois é a gente que leva a fama de *troll*...

COMO NOSSO PROGRAMA É FEITO, POR RICARDINHO

Tudo começa com nossa produtora, a Poderosa Ísis. Ela levanta as notícias do dia que mais tenham a cara do programa e imprime tudo pra gente. Nesse meio-tempo, o Angelo e eu também selecionamos os fatos mais relevantes do futebol e os resultados dos jogos, além de, no meu caso, coletar as postagens dos famosos nas redes sociais. O Dennys seleciona as pesquisas mais curiosas e as chancela com o selo de seu “instituto de pesquisa” Impa (Instituto Marmota de Pesquisas Avançadas). Na hora de começar o programa, o Tatola tem todas as manchetes em mãos. O Dennys lê algumas notícias, o Angelo lê outras. E assim vamos, sem ordem alguma. Cada um vai criando um gancho a partir da fala do outro, e o Bisnaga pontua tudo com vinhetas hilárias. Não há roteiro predefinido; às vezes, abandonamos algum assunto por falta de clima e seguimos desse jeito todos os dias. E isso tudo só dá certo por uma questão simples, mas fundamental: a gente é amigo pra caramba.

Ísis Guaratto é aquele pingo de sanidade em meio à trupe de malucos. Nascida em 27 de agosto de 1994, a produtora já era fã dos meninos antes de ser contratada pela 89 por indicação de uma colega de faculdade, ex-produtora do programa. Ísis, que ganhou de Ricardinho o apelido “Poderosa Ísis” por conta de uma série homônima dos anos 1970, cuja protagonista vivia no Antigo Egito e tinha poderes sobrenaturais, é também responsável por trazer os convidados para a atração.

Nascido em 18 de maio de 1993, Leandro Alsaro, o DJ Bisnaguinha, é produtor e operador de áudio na 89 FM. O apelido pegou quando uns amigos o viram com umas bisnagas vazias.

MIL E UMA UTILIDADES

Se você acha que as maravilhosas ondas eletromagnéticas da radiodifusão só servem para você escutar aquela sofrência no rádio, temos uma novidade: elas também são usadas em várias outras aplicações tecnológicas, como o forno de micro-ondas, os aparelhos de raio-X, dispositivos com tecnologia *bluetooth* e instrumentos com infravermelho. Tá bom pra você?

QUEM NÃO FAZ TOMA: UM PROGRAMA PARA TODO O UNIVERSO

De acordo com a física, o destino das ondas de rádio é viajar pelo universo eternamente até que algo as absorva. Isso significa que, caso haja vida lá fora, é possível que os extraterrestres tenham nos escutado. Apostamos todas as nossas fichas que Dennys, Tatola, Ricardinho e Angelo se tornaram celebridades intergalácticas...

AI, JESUUUUS!

COMO DENNYS SE TORNOU APRESENTADOR DO *QUEM NÃO FAZ, TOMA*

Sim, a informação pode parecer chocante, mas é real: a princípio, Dennys não deveria fazer parte do time de apresentadores, pois era somente membro da produção. No primeiro dia do programa, porém, o rapaz foi tirado de sua função para cumprir uma tarefa inusitada: fingir que era um correspondente esportivo em um link ao vivo do estádio São Januário, no Rio de Janeiro, onde uma partida da Libertadores entre Vasco e Lanús seguia para os pênaltis. Faltando apenas duas cobranças para o fim da decisão, Dennys, tão inteirado que mal sabia o nome dos jogadores em campo, começou a gritar: "ACABOU, ACABOU, O VASCO VENCEU!" Confusos, Tatola, Angelo e Ricardinho perguntaram ao rapaz: "Ué, acabou mesmo?", ao que Dennys respondeu: "Ah, não sei!". Tatola não perdeu tempo e logo emendou: "Irmão, desliga essa m%$#@ de telefone e vem aqui no estúdio". E de lá Dennys não saiu mais. Até hoje, quando perguntado sobre essa noite fatídica, ele é categórico: "O Vasco ganhou de qualquer jeito, eu só antecipei o resultado".

Mentira, só me contrataram por conta dos meus belos olhos verdes.

DENNYS

RÁDIO FANTASMA? TÁ RUSSO!

A rádio russa UVB-76, frequência 4.625 kHz, é um dos maiores mistérios da humanidade. Apelidada de "The Buzzer" (A Cigarra), a estação emite 24 horas por dia um tedioso sinal que se repete a uma taxa de 25 tons por minuto – frequência pouquíssimas vezes interrompida pela voz de um homem falando em russo. As mensagens do sujeito não foram até hoje decodificadas pelos aficionados pelo mistério, que criaram, por sua vez, teorias para explicar a existência da UVB-76. Seria uma rádio criada na Guerra Fria para enviar mensagens aos espiões russos em missão? Seria uma estação concebida para integrar o plano de aniquilação do mundo caso a Rússia fosse atacada pelos Estados Unidos? Seria, oh céus, uma rádio fantasma enviando recados de outra dimensão? Não nos olhe assim, também não temos a mínima ideia!

DENNYS E A BOLA DE BALEIA JUBARTE

Na época em que o *Quem Não Faz Toma* realizava o quadro "Fora da Casinha", com enquetes semanais nas ruas com suas habituais historinhas de pescador, Dennys foi destacado para ir à Rio +20, importante conferência sobre o meio ambiente, e perguntar aos participantes do evento qual sua opinião sobre o uso do couro da baleia jubarte – um animal em extinção! – para aperfeiçoar o desempenho das bolas da Copa do Mundo de 2014. Como era de se esperar, Dennys deixou muita gente com os nervos em pandarecos, em especial os indignados índios que reclamavam sobre os horrores do capitalismo. Pô, Dennys!

A RÁDIO CBS E O DIA EM QUE OS MARCIANOS INVADIRAM OS ESTADOS UNIDOS

Está para nascer um sujeito mais *troll* do que o americano Orson Welles. No dia 30 de outubro de 1938, o então radialista Welles, da CBS, entrou no ar ao vivo para noticiar uma invasão de marcianos a Grover's Mill, em Nova Jersey. O que o rapaz não deixou claro, embora tenha avisado beeeeem por cima, é que a tal notícia fazia parte de uma peça radiofônica adaptada do livro *A*

Guerra dos Mundos, de H.G. Wells. A transmissão, que ganhou ainda mais veracidade com a inclusão de efeitos sonoros, gritos e "entrevistas" com testemunhas, durou cerca de uma hora, tempo suficiente para gerar um rebuliço em várias cidades de Nova Jersey e até em Nova York. De acordo com a CBS, cerca de seis milhões de pessoas ouviram a transmissão naquela noite, muitas delas apenas da metade em diante, quando o caos já reinava. Cerca de meio milhão desses ouvintes, em pânico, tomaram medidas que envolveram até mesmo fuga em massa das cidades. No dia seguinte, os jornais norte-americanos noticiaram a tal da "brincadeirinha", e apenas anos mais tarde Welles assumiu que fez tudo de caso pensado. A repercussão desse trote, considerado um dos maiores causos da história do rádio, alçou Orson Welles à fama e o levou a Hollywood, onde tornou-se um dos maiores diretores de cinema de todos os tempos. Enquanto o cara virou cineasta, temos certeza de que, se tivéssemos feito o mesmo aqui, nossas mães apertariam nossas orelhas até 2030.

A PRAGA DO ZÉ DO CAIXÃO

Zé do Caixão é uma figura querida no *Quem Não Faz Toma*, e, como tal, não deixou de presentear os ouvintes com uma maravilhosa maldição, que você pode conferir abaixo:

"Você, você, ou todos vocês! Aqui vai meu recado! Se você não prestigiar o programa *Quem Não Faz Toma*, aqui vai a minha praga: que seus cabelos se convertam em ácido e desçam pelos seus olhos, cegando-o completamente, e continuem descendo até suas partes íntimas. Você sentirá por toda a eternidade as dores do infeeeeeeeeerno!"

AFINAL DE CONTAS, QUAL O SIGNIFICADO DE AM E FM?

FM é a abreviação de Frequência Modulada; AM significa Amplitude Modulada. Já ficou claro? Óbvio que não. A gente explica melhor: esses termos se referem às ondas de rádio, que variam de acordo com a força e a regularidade com que são emitidas. Enquanto a faixa FM opera entre 88 e 108 megahertz em frequência regular, a AM atua entre 500 e 1.600 quilohertz em frequência irregular, o que faz a primeira ter um alcance menor e um som mais claro e a segunda, um alcance maior e um som mais grave. Pronto, agora você já pode mostrar aos seus amiguinhos que manja dos *paranauê* de rádio.

AS SÁBIAS PALAVRAS DE ZEZÉ DI CAMARGO

Quando o cantor Zezé Di Camargo chegou à 89 para sua primeira participação no *Quem Não Faz Toma*, não conseguiu disfarçar a desconfiança. Olhava para um lado e para o outro à espera de ser sacaneado. Porém, aos 15 minutos de programa, e já ciente de que ali a zoeira era democrática, Zezé relaxou e declarou: "Já entendi o que é isso aqui. É um filho de Francisco e quatro filhos da p%$@!".

89 FM A RADIO ROCK
STAY RUDE
DAFT PUNK

OS TWEETS MAIS CLÁSSICOS DO "FUÇADA NA REDE"

O "Fuçada na Rede" é um quadro fixo dos dois programas, *Quem Não Faz Toma* e *Encrenca*. Nele, Ricardinho seleciona algumas frases marcantes de famosos publicadas no Twitter. O quadro resgatou algumas personalidades que dificilmente teriam espaço em uma rádio rock, como Compadre Washington e o cantor e humorista Falcão, que frequentemente participa do quadro.

Ângela Bismarchi @angbismarchi
Contagem regressiva para o Ano Novo 1, 2, 3...9, 10.

Compadre Washington @compadrewash
Boa tarde gente tô indo na praia quem quer ir comigo faça tu tu tu tu pá.

Bárbara Evans @Barbaraevans22
Ser bom no bom é muito bom, quero ver ser bom no ruim. Beijos galera.

Lucas Lima @Lima_Lucas (Marido da Sandy)
Não existe uma vez que minha mulher pede pra eu abrir uma porta que eu não grito «EU NÃO ABRO, NÃAAAO». Maturidade.

Sensacionalista @sensacionalista
Messi faz terceiro filho com a mesma mulher e bate mais um recorde entre jogadores de futebol.

Marcelo Tas@MarceloTas
Rubinho se revelou excelente comentarista de F1. A Globo ganhou mais um talento, e ele perdeu 19 anos tentando ser piloto.

José Simão @jose_simao
Huck Presidente! Em vez do Enem, vai ter o Soletrando!

William Bonner @realwbonner
Boy magia?

Xuxa @xuxameneguel
Fui vcs não merecem falar comigo nem com meu anjo.

Sérgio Mallandro @Mallandrosergio
Rá.

Susana Vieira @eususanavieira
Eu não fiz twitter para falar com artista. Quando quero falar com eles, eu pego o telefone e ligo. Fiz o twitter para falar com vocês!

FOLLOWED
WHERE
SUNDAY SHE
WON'T GO.

AVALERA
LLERS

YOUTUBE
INSTAGRAM
CH

TELEVISÃO É SÓ ENCRENCA

INTRODUÇÃO

A TV reconhece um rosto bonito quando vê, né? Inacreditável! A gente acha que esta é a razão para o *Encrenca* estar na telinha, mas pode haver outras, como o fato de a atração trazer aos espectadores entretenimento e informação. Afinal, foram essas duas finalidades que transformaram a televisão no mais expressivo veículo de comunicação de massa de nossa história, reunindo ao longo das décadas milhões de pessoas à sua frente para acompanhar os fatos do mundo e o que de mais divertido ele podia oferecer. A seguir, você irá conhecer um pouco da trajetória da "telinha mágica", do passado até os dias de hoje, e seus principais programas de humor durante esses anos, além de descobrir as origens do nosso *Encrenca*. Preparado? Então, desliga a TV e leia o livro!

LINHA DO TEMPO

1923

O russo Vladimir Zworykin inventa o tubo iconoscópico, tecnologia de conversão de imagens em sinais elétricos que daria origem à televisão.

1927

O inventor americano Philo Taylor Farnsworth transmite o primeiro sinal de televisão. No mesmo ano, a CBS (Columbia Broadcasting System) é fundada nos Estados Unidos.

1928

O inventor escocês John Logie Baird desenvolve a TV em cores.

1932

Fundação da BBC (British Broadcasting Corporation) no Reino Unido, estabelecendo-se como a primeira rede de televisão europeia.

1936

A Alemanha transmite a primeira partida de futebol ao vivo da televisão, disputada entre a própria seleção do país e a Itália.

1939

Transmissão televisiva do primeiro jogo de futebol americano da National Football League (NFL) entre o Philadelphia Eagles e o Brooklyn Dodgers.

1941

O primeiro comercial de TV é veiculado pela americana NBC.

1948

No Brasil, o técnico em eletrônica Olavo Bastos Freire realiza a primeira transmissão televisiva da América do Sul. O evento foi uma partida de futebol entre o Tupi, time de Juiz de Fora, e o Bangu, do Rio de Janeiro.

1950

Assis Chateaubriand funda a TV Tupi, a primeira emissora de televisão brasileira. No mesmo ano, é lançado o *Imagens do Dia*, pioneiro telejornal do país.

1951

Exibição de *Sua Vida Me Pertence*, a primeira telenovela do Brasil.

DIVULGAÇÃO

DIVULGAÇÃO

1953

Fundação da Rede Record, a mais antiga emissora de televisão em atividade no Brasil.

1960

Criação da Rede Excelsior e da TV Cultura.

1962

Surgimento da Embratel (Empresa Brasileira de Telecomunicações).

1965

A Rede Globo é fundada. Hoje, ela é a maior emissora de televisão da América Latina.

1967

Fundação da Rede Bandeirantes.

1969

O telejornal *Jornal Nacional* é lançado pela Rede Globo. No mesmo ano, o programa de humor *Monty Python* entra no ar pela TV britânica, enquanto *Os Trapalhões* estreiam pela Rede Globo.

1970

A transmissão da Copa do Mundo de 1970 é realizada a cores no Brasil. No mesmo ano, a TV Gazeta é fundada.

1976

Inauguração da TV Studios pelo empresário e comunicador Silvio Santos. Cinco anos mais tarde, a emissora se tornaria o atual SBT (Sistema Brasileiro de Televisão).

1983

Fundação da Rede Manchete, em substituição à Rede Excelsior.

1984

O SBT inicia a transmissão dos seriados *Chaves* e *Chapolin*.

1987

Estreia do programa de humor *A Praça é Nossa*.

RICARDINHO

Isso não é nada, a coisa mais importante deste ano foi eu nascer e dignificar esse mundo

ANGELO

Cazalbé é rei!!!

É MERMO, É?

DIVULGAÇÃO

2018

Estreia do novo cenário do grandessíssimo *Encrenca*.

2016

O sinal analógico de televisão é desligado no Brasil.

2014

No dia 29 de junho de 2014 estreia o *Encrenca*, o mais lindo, cheiroso e gostoso programa de televisão da História.

2008

O programa de humor e jornalismo *CQC* (*Custe o Que Custar*) é lançado.

2003

Estreia do programa humorístico *Pânico na TV*.

2002

A primeira edição do reality show *Big Brother Brasil* vai ao ar.

2001

Milhões de pessoas ao redor do mundo acompanhavam ao vivo pela TV o ataque às Torres Gêmeas de Nova York.

1999

Fundação da RedeTV! e lançamento do humorístico *Hermes e Renato*, na MTV.

DIVULGAÇÃO

1998

Transmissão da primeira edição do *Teleton*, maratona televisiva que arrecada anualmente fundos para a AACD (Associação de Assistência à Criança Deficiente).

1992

O programa *Casseta & Planeta, Urgente!* é lançado.

1988

Lançamento do humorístico *TV Pirata*.

DIVULGAÇÃO

O FABULOSO MUNDO DA TV

LÁÁÁÁ NO COMECINHO

Não existe nada mais divertido e relaxante do que sentar no sofá no domingo à noite para curtir o *Encrenca* com a família reunida. Mas para que aquele aparelho retangular que você troca para acompanhar as Copas do Mundo pudesse ocupar o lugar de honra em sua casa, muita ciência e suor rolaram. Para entender as origens da telinha, precisamos voltar ao século XIX, época em que muitos matemáticos e físicos quebravam a cabeça pensando em como transmitir imagens a distância. Cada um contribuiu como pôde: enquanto o inventor escocês Alexander Bain desenvolveu a tecnologia do fax em 1842, o engenheiro eletricista inglês Willoughby Smith descobriu em 1873 a capacidade do elemento selênio de converter energia luminosa em elétrica, gerando o conhecimento necessário para que, em 1923, o inventor russo-americano Vladimir Zworykin surgisse com o iconoscópio, equipamento de captação de imagens capaz de transformá-las em sinais elétricos. Tal dispositivo tornou-se a base da televisão, que passou a ser fabricada em série pela empresa americana RCA. E não teve mais volta não, viu? Da década de 1930 em diante, a TV ganhou cada vez mais força comercial, sendo amplamente explorada também na Europa por países como a Inglaterra, a França e a Alemanha. Esta última, por sinal, foi capaz de transmitir as Olimpíadas de Berlim de 1936 em 25 telões distribuídos por esta cidade. Na ocasião, a Alemanha nazista esperava que a transmissão das Olimpíadas mostrasse ao mundo a tal da "supremacia ariana" daquele bando de zé ruelas, mas a estratégia acabou se tornando um tremendo tiro no pé quando a imagem que se eternizou pela TV foi a do atleta negro Jesse Owens, dos Estados Unidos, papando quatro medalhas de ouro no atletismo.

Enquanto o mundo lá fora fervia com a evolução da TV e os nazistas passavam carão, a coisa vinha para o Brasil no miudinho para mais tarde estourar – mas essa história a gente só conta daqui a pouquinho.

OS ANOS 1950

Nos primórdios da televisão americana, apenas as pessoas mais ricas tinham acesso ao aparelho, de modo que a programação adotava uma abordagem sofisticada, com atrações como adaptações de peças da Broadway. Com a popularização da TV nos lares dos Estados Unidos, porém, os programas se tornaram mais ecléticos, e com isso surgiram formatos até hoje bem-sucedidos, como o *sitcom*, ou comédia de situação. É nessa época que aparecem os grandes pioneiros do gênero, como Jackie Gleason, com sua consagrada série *The Honeymooners*, e Lucille Ball, com a famosa *sitcom I Love Lucy. Além disso, pipocam* seriados de gêneros com forte apelo popular, como o faroeste, representado especialmente pela atração *Rawhide,* com o ainda moçoilo Clint Eastwood, e a ficção científica, com *Além da Imaginação*, série criada por Rod Serling que se tornaria uma frutífera fonte de inspiração para outras séries e filmes de terror e *sci-fi* nas décadas seguintes. Essa era, sobretudo, uma época de experimentações, e a alta qualidade dos programas, junto com o pioneirismo de seus criadores, fizeram com que os anos 1950 fossem considerados por muitos a Era de Ouro da TV americana.

No Brasil, nosso primeiro contato com a TV seria na Feira Internacional de Amostras, ocorrida em 1939 no Rio de Janeiro. Mas apenas em 1948 se realizaria a primeira transmissão televisiva de nossa história, feita pelo técnico em eletrônica Olavo Bastos Freire: uma partida de futebol entre o juiz-forense Tupi e o carioca Bangu. Porém, se você prefere uma data mais "oficialzona" para a inauguração da TV no Brasil, a gente dá: 18 de setembro de 1950, quando o magnata das comunicações Assis Chateaubriand inaugurou a TV Tupi, nosso primeiro canal da telinha.

Imagina se aquele povo soubesse que o *Encrenca* seria o programa do futuro? Iam botar o Chateaubriand pra correr!

RICARDINHO

Chateaubriand trouxe 200 televisores a São Paulo para que as pessoas pudessem acompanhar a inauguração da sua emissora. O primeiro programa transmitido, TV na Taba, contou com a participação de artistas como Hebe Camargo, Lolita Rodrigues, Mazzaropi e Lima Duarte. Nesse início, a transmissão televisiva só ocorria, acredite ou não, das 18h às 23h, mas já havia atrações que entrariam para a história do audiovisual brasileiro, como *Sua Vida Me Pertence*, a primeira novela brasileira, e o noticiário proveniente do rádio *Repórter Esso*. A TV havia chegado para ficar, e o Brasil mal sabia o que ela ainda guardava.

OS ANOS 1960

Na década de 1960, a TV nos Estados Unidos se tornaria a principal fonte de informações da população, especialmente quanto ao movimento dos direitos civis e à situação das tropas americanas na Guerra do Vietnã. Foram anos em que importantes acontecimentos da história do país e do mundo se viram imortalizados na televisão, desde o assassinato do presidente John F. Kennedy, em 22 de novembro de 1963, até a chegada do homem à Lua, em 20 de julho de 1969. Nesse ínterim, a TV americana, já dotada de mais canais, cor e qualidade imagética, passou a se caracterizar também pelo crescente número de programas de variedades, que deram palco – literalmente! – aos apresentadores icônicos do formato, como Ed Sullivan e Dean Martin. As *sitcoms*, por sua vez, mantiveram o interesse do público com clássicos como *Jeannie é um Gênio*, *A Feiticeira* e *A Família Buscapé*, dividindo espaço com séries inspiradas pela era da corrida espacial e hoje consagradas na esfera da ficção científica, como *Star Trek* e *Perdidos no Espaço*.

No Brasil, a televisionada inauguração da capital brasiliense no início da década prenunciaria o interesse do governo em investir na expansão das transmissões televisivas do país, o que resultou em um total aproximado de 200 mil televisores espalhados pelo território nacional. Nessa época, a Rede Record era a emissora que ditava a dança; em sua programação, destacavam-se as adaptações de novelas radiofônicas, como O *Direito de Nascer*; a aposta no humor, com a memorável *Família Trapo*, programa estrelado por mestres como Ronald Golias, Carlos Alberto de

Nóbrega e Jô Soares que se tornou um dos mais importantes humorísticos da história de nossa TV; e a inovadora abordagem da cena musical com os Festivais da Música Popular Brasileira e a Jovem Guarda, atração comandada por Roberto Carlos.

TATOLA

"Tudo café pequeno perto da gente. Tô brincando, claro... Apenas eu sou bom."

RICARDINHO

"Da próxima vez faz um livro só pro Tatola, pra ele rabiscar sozinho."

A década de 1960 também marca o surgimento da Globo, por iniciativa do jornalista e empresário Roberto Marinho, uma rede que logo se tornaria a maior emissora de um país que, à maneira dos Estados Unidos, já acompanhava o mundo pela tela da TV.

OS ANOS 1970

A televisão americana, antes dominada pelas emissoras ABC, NBC e CBS, se diversificaria na década de 1970 tanto pelo surgimento da TV a cabo como pelo próprio conteúdo de seus programas, que abordariam direta ou indiretamente questões sociais, como *All in the Family*. Lançada em 1971, a *sitcom* conquistou a audiência dos Estados Unidos retratando uma família da classe trabalhadora. No programa, abordavam-se de forma divertida temas altamente em voga na época, como o preconceito, as diferenças entre gerações e a sexualidade. Tal abordagem de temas sociais também seria adotada por outras atrações que buscaram representar a população negra, como *Sanford and Son*, e a mulher como força de trabalho, como The Mary *Tyler Moore Show*. Mas se você pensa que tudo era muito engajado na década de 1970, melhor pensar de novo: esses anos também foram marcados por atrações feitas unicamente para o entretenimento fácil das audiências do país e do mundo, como *Havaí 5.0, As Panteras* e, para aqueles que queriam mesmo fugir da realidade, a famosa série *A Ilha da Fantasia*.

Enquanto isso, em terras brasileiras, o início da década de 1970 demarcou um total médio de 25 milhões de pessoas com acesso à televisão – número novo e atraente que logo demandou inovações que mantivessem o público cativo. Foi nessa época que se implementou a TV a cores no Brasil, sendo a Festa da Uva de Caixas do Sul de 1972 e a novela global *O Bem Amado*, respectivamente, o primeiro evento e a primeira novela transmitidos a plenas cores na telinha. O período, marcado pela forte repressão da ditadura militar brasileira, exemplificada pelo assassinato do jornalista Wladimir Herzog, da TV Cultura, viu também o surgimento da TV Gazeta em 1970 e da emissora TV Studios, de Silvio Santos, que a transformaria no atual SBT no início da década seguinte. Houve também a criação do clássico programa de informações e variedades *Fantástico,* em 1973.

OS ANOS 1980

Se na década de 1970 a TV a cabo já mostrava que não estava a passeio, é na década de 1980 que ela coloca de fato suas garrinhas de fora para competir com as gigantes da TV aberta. E o que veio a partir daí foi memorável: esses foram os anos que não só deram origem aos famosos HBO e ESPN, mas também à MTV, canal dedicado aos jovens que mudaria para sempre a nossa forma de ouvir e "ver" a música com seus videoclipes, shows e entrevistas, e à CNN, emissora que transformaria o jornalismo televisivo com sua transmissão de notícias 24 horas por dia. No lado das "grandonas" da TV, que agora incluíam a recém-fundada Fox, a palavra de ordem era não se arriscar com polêmicas, mantendo-se na linha com shows consagrados, como *Dallas*, *Miami Vice* e *Cheers*. Uma das poucas séries a sair dessa caixinha e cutucar de leve o público americano com temas como desigualdade social e sexualidade foi *Roseanne*, que seguiu a mesma pegada da imortal *All in the Family*.

Em relação ao Brasil, você provavelmente ouve muita gente proclamando aos quatro ventos que a década de 1980 foi a Era de Ouro da televisão nacional. E quer saber? Esse pessoal não está errado, não. Olha só o que essa época aprontou na telinha: teve Xuxa, *Balão Mágico*, *Os Trapalhões*, *Viva a Noite*, com Gugu Liberato, *Clube do Bolinha*, *Topo Gigio*, *Perdidos na Noite*, com o Faustão, *TV Pirata*, Chacrinha... ufa! Se esses não foram tempos loucos e extremamente divertidos, especialmente para as crianças, não sabemos o que foi. Os anos 1980 também foram, sobretudo, tempos de fins e começos que marcaram para sempre a TV nacional: enquanto a censura ruía junto com a ditadura militar e se iniciava o processo de redemocratização do Brasil, novas emissoras davam o ar da graça, como o SBT e a Rede Manchete, ao passo que a TV Tupi de São Paulo, primeiro canal do país, fechava suas portas, prenunciando o fim da Rede Tupi e de uma era memorável em nossa história.

ANOS 1990

A década de 1990 marca a reação da TV aberta diante da invasão dos canais a cabo – reação liderada pela NBC, que colocou no ar nesse período algumas das atrações mais emblemáticas da história da telinha. Entre elas, a que mais acumulou fãs até os dias atuais foi *Seinfeld*, que estreou em 1990. Estrelada pelo comediante Jerry Seinfeld, que interpreta a si próprio, ao lado de três amigos desatinados, *Seinfeld* é uma atração que fala sobre... coisa nenhuma. Isso mesmo: a divertida série consiste unicamente nos eventos banais e malucos que envolvem a vida dos personagens principais. Além de *Seinfeld*, outras atrações que marcaram o período foram *Frasier*, de 1993, *ER* e a consagrada *Friends*, ambas de 1994. Fora da esfera da NBC, *a animação Os Simpsons,* da Fox, se tornou um fenômeno do período com sua amalucada família americana, e também fizeram muito sucesso o humor *nonsense* de *The Beavis and Butt-Head Show*, da MTV, e a acidez de *South Park*, do Comedy Central. Os anos 1990 também viram o surgimento do formato *reality show,* com atrações pioneiras como *Cops*, da Fox, na qual policiais eram filmados no exercício de suas funções, e *Real World*, da MTV, em que o público acompanhava o cotidiano de alguns jovens aleatórios que eram reunidos em um alojamento – uma abordagem que desembocou no maior expoente do gênero: o *Big Brother*.

Já em terras brasileiras podemos dizer que a TV dos anos 1990, embora contasse com a recém-chegada MTV Brasil e sustentasse programas de qualidade especialmente para o público infantil, como os notáveis *Castelo Rá-Tim-Bum*, *O Mundo de Beakman* e *Anos Incríveis*, notabilizou-se por ter se transformado em um grande palco de vale-tudo pela audiência, especialmente aos domingos. Foi nesse período que Gugu Liberato, do *Domingo Legal*, exibia homens e mulheres seminus lutando por sabonetes na famigerada "Banheira do Gugu" e crianças dançando ao som de letras de axé, digamos, reveladoras, enquanto o *Domingão do Faustão*, seu principal concorrente, abria espaço para excentricidades surreais como o "Sushi Erótico", no qual a iguaria japonesa era servida no corpo de uma moça, e praticava o sensacionalismo com pessoas que iam ao programa exibir suas deformidades.

Crianças, não tentem os anos 90 em casa!

ANGELO

Não menos apelativos eram os outros "reis do Ibope", como Ratinho, com seus testes de paternidade e brigas no palco dignas de uma comédia pastelão, e Luciano Huck, que reunia na atração *H*, da Band, figuras como Tiazinha e Feiticeira, que exibiam seus corpos enquanto judiavam dos marmanjos com bizarrices como depilações ao vivo no palco. É, pessoal, os anos 1990 eram tempos de mais encrenca que o próprio *Encrenca*.

OS ANOS 2000

A entrada da TV americana no novo milênio seria marcada terrivelmente por uma tragédia exibida ao vivo pelo mundo: o atentado terrorista às Torres Gêmeas de Nova York no dia 11 de setembro de 2001, que ocasionou a morte de aproximadamente três mil pessoas. Os horrores do episódio foram reforçados pela ininterrupta cobertura televisiva, e o trauma americano mostrou-se de tal forma intenso que demorou algumas semanas até que atrações como os *talk shows* de David Letterman, Conan O'Brien e Jay Leno voltassem à sua habitual descontração. À parte essa chocante experiência, a TV dos Estados Unidos nos anos 2000 destacou-se pela popularização dos *reality shows*, já sinalizada na década passada. São dessa época os bem-sucedidos *American Idol*, *America's Next Top Model*, *The Osbournes* e *Hell's Kitchen*. O novo milênio também trouxe a evolução da internet, que se tornara agora não só uma ferramenta capaz de promover a transmissão televisiva em dispositivos como computadores e celulares, mas também um veículo de transmissão de conteúdo dos próprios usuários. Com essa descoberta das possibilidades infinitas promovidas especialmente pelo *YouTube*, meu amigo, a TV nunca mais foi a mesma.

No Brasil, a TV do início do milênio caracterizou-se, assim como nos Estados Unidos, pelo crescente interesse no formato *reality show*, vide o sucesso de atrações de alto apelo entre o público, como *Casa dos Artistas*, *Big Brother Brasil*, Ídolos, *Supernanny* e *O Aprendiz*. Mas nem só de crianças birrentas e adultos ociosos viveu essa década. Com o desejo de brigar de igual para igual com a Rede Globo, a Record investiu pesado na compra de estúdios e de equipamentos para aprimorar a qualidade de suas atrações, em especial novelas e telejornais – o que culminou, diga-se de passagem, na própria contratação de atores e jornalistas globais. Nessa década, ocorreu também o início da implantação da televisão digital no Brasil, com a primeira transmissão do gênero realizada em São Paulo no dia 2 de dezembro de 2007.

E COMO É QUE ESTAMOS HOJE?

Que experiência maluca e fantástica é zapear a TV hoje em dia. A cada mudança de canal, temos um universo diferente: é o seriado dos anos 1950, os deputados se xingando na Câmara, a novela chinesa, os cientistas explodindo coisas, o futebol italiano, o filme búlgaro... são atrações para todas as idades, gostos e desgostos. E, se nada do que está na TV aberta ou a cabo te agrada, basta apelar para os cada vez mais comuns serviços de transmissão de conteúdo, como o Netflix, Google TV e o próprio YouTube. A grande beleza desses serviços é nos mostrar, sobretudo, que já não dependemos mais da grade televisiva imposta pela TV tradicional, pois agora fazemos nossa própria TV.

Não pense, porém, que esse é o fim da televisão como a conhecemos, hein! Muita gente gosta de pagar de intelectual dizendo que a TV será enterrada pela internet, mas é tudo balela. Já disseram a mesma coisa do jornal, do rádio e do cinema... e eles continuaram firmes e fortes. A TV, como é importante lembrar, ainda se mostra um gigante veículo de massa lá fora e aqui, e não deixará de ser tão cedo, como nos mostram as recentes produções cinematográficas de séries como *The Walking Dead*, *Game of Thrones* e *Breaking Bad*. Do lado de cá, a Rede Globo e a Record permanecem investindo especialmente na teledramaturgia, marcando a atual década com produções de grande repercussão entre o público, como suas novelas *Avenida Brasil* e *Os Dez Mandamentos*. Tudo segue seu curso natural no mundo da telinha, que busca manter o que é bom e "das antigas" enquanto aposta no novo, como é o caso de nosso querido *Encrenca*. Afinal, enquanto houver telespectador, haverá TV, e muita gente disposta a descobrir o que mais ela pode oferecer.

AH, GRAÇAS A DEUS!

AS GRANDES ESCOLAS DE HUMOR NA TV

A PRAÇA É NOSSA

O humorístico, lançado em 1957 por Manuel de Nóbrega – pai do atual apresentador Carlos Alberto de Nóbrega – no canal TV Paulista, mantém até hoje o formato que o consagrou: os absurdos presenciados por um senhor que, sentado no banco de uma praça, lida com os mais diferentes personagens que se sentam ao seu lado. Atualmente transmitida no SBT, *A Praça é Nossa* reuniu em sua história grandes nomes do humor brasileiro, como Ronald Golias, Consuelo Leandro e Roni Cócegas, e eternizou personagens como a Velha Surda, de Roni Rios, a Vera Verão, de Jorge Lafond, e O Homem do Telefone, de Canarinho.

ZORRA TOTAL

Lançado em 25 de março de 1999, *Zorra Total* marcou as noites de sábado da Rede Globo como uma de suas *sitcoms* de maior audiência. De início, a atração contou com nomes como Denise Fraga, Andréa Beltrão e Pedro Cardoso, mas, em uma tentativa de tornar a linguagem do programa mais popular, novas estrelas assumiram a cena, como Paulo Silvino, com seu eterno porteiro Severino, e Francisco Milani, com o impaciente Saraiva. O programa deixou de ser exibido no ano de 2014, sendo retomado em 2015 sob o nome *Zorra,* com humoristas como Dani Calabresa e Marcius Melhem.

HERMES E RENATO

O humorístico, lançado em 1999 pela MTV Brasil, se caracterizou pelos quadros propositalmente "toscos", que exploravam em especial o humor negro e satirizavam filmes e outros programas de TV. Dentre as contribuições de *Hermes e Renato* para o humor brasileiro estão a novela *Sinhá Boça*, versão, digamos, alternativa da novela global *Sinhá Moça* que trazia como protagonista o paulistano de sotaque carregado Boça; o *Tela Class*, quadro em que os integrantes do humorístico redublavam filmes antigos à sua maneira; e o Massacration, banda cômica de heavy metal responsável por hits como *Metal is the Law* e *Oração Ao Deus Metal.*

DENNYS

Ricardinho adorava! Certeza que fez teste para entrar no programa. Vou encarar seu silêncio como um "sim".

SHOW DO TOM

Lançado em 2004, o *Show do Tom* foi um programa apresentado pelo humorista Tom Cavalcante que, embora de início fosse uma atração de variedades, assumiu com o tempo uma faceta totalmente humorística. Na atração, Tom Cavalcante não só trouxe novamente à TV um dos mais célebres personagens de sua carreira, João Canabrava, como divertiu o público com suas sátiras de apresentadores, que incluíam os impagáveis Tompete Justus (Roberto Justus) e Cabrito Jr. (Britto Jr.). Nos quadros do programa, o apresentador também reuniu um notável time de humoristas, como Tiririca, Shaolin e Carlinhos Silva.

TV PIRATA

A atração, que entrou no ar pela Rede Globo no ano de 1988, marcou a história da TV nacional com seu humor inteligente e *nonsense*. Inspirado em humorísticos da gringa como *Monty Python* e *Saturday Night Live*, o *TV Pirata* contava com um time pra lá de talentoso, incluindo feras do humor como Luiz Fernando Guimarães, Pedro Cardoso e os quadrinistas Glauco e Laerte. Dentre as mais notáveis estrelas que integraram a atração estão Cláudia Raia, Débora Bloch, Guilherme Karan e Ney Latorraca.

SAI DE BAIXO

A *sitcom Sai de Baixo* consagrou-se como uma das mais bem-sucedidas atrações de humor da história da televisão brasileira. Lançada em 1996, a comédia de situação trazia as desventuras de uma família composta originalmente pelo azarado chefe de família Vavá (Luis Gustavo), a viúva sem um tostão, mas metida a rica Cassandra (Aracy Balabanian), a filha desmiolada de Cassandra, Magda (Marisa Orth) e seu marido *bon-vivant* e aproveitador, Caco Antibes (Miguel Falabella), além da empregada sem papas na língua Edileuza (Cláudia Jimenez) – mais tarde substituída pela também empregada Neide (Márcia Cabrita) – e o porteiro folgado Ribamar (Tom Cavalcante). Esse bando de malucos, que geralmente ficava em apuros por conta das falcatruas de Caco, sabia como divertir nossas noites de domingo em seu inesquecível apartamento com vista para o Largo do Arouche.

VIVA O GORDO

O humorístico *Viva o Gordo*, comandando por Jô Soares na Rede Globo, entrou no ar em 1981, conquistando o público graças às piadas com críticas sutis ao governo e aos quadros que envolveram, ao longo de seus seis anos de duração, mais de 300 personagens, entre os quais o memorável Capitão Gay, super-herói dos fracos e oprimidos que ostentava um *collant* cor de rosa e bradava "Cansei" como grito de guerra, o Dom Casqueta, mafioso desgostoso por não ser capaz de implantar a máfia no Brasil, e o Zé da Galera, fanático torcedor da Seleção Brasileira que importunava o técnico Telê Santana com seus pitacos.

CHICO ANYSIO

Quando o assunto é Chico Anysio, não dá para falar apenas de uma atração. O homem foi, em si, uma escola de humor, com seus inesquecíveis *Chico Anysio Show*, *Chico Total*, *Chico City*, *Estados Unidos de Chico City* e *Escolinha do Professor Raimundo,* programas que entraram para a história da TV brasileira por conta da versatilidade dos quadros e do talento de Chico em dar vida a uma porção de personagens variados – mais de duzentos, para sermos quase precisos. Dentre essas figuras, destacam-se Alberto Roberto, um ator e *sex symbol* dado a ataques de estrelismo que vivia irritando os que se atreviam a ocupar um espacinho sob seus holofotes, Bento Carneiro, um vampiro brasileiro de sotaque caipira que já não conseguia assustar mais ninguém, e o Professor Raimundo, um pobre docente que vivia ouvindo barbaridades de seus alunos e as resumia com o eterno bordão: "E o salário, ó".

OS TRAPALHÕES

Ao pensarmos nas mais queridas atrações de humor da história de nossa TV, é inevitável que Os Trapalhões apareça nos primeiros lugares da lista. Não é por menos: em seus mais de trinta anos de exibição, que lhe renderam um registro no *Guiness* como o humorístico mais duradouro da história da televisão mundial, *Os Trapalhões* conquistaram gerações de fãs sempre cativados pelas sandices daquela trupe de malucos liderada pelo gênio do humor Renato Aragão – ou, para os mais íntimos, Didi Mocó Sonrisal Colesterol Novalgino Mufumbo. O quarteto do humorístico, um programa constituído de esquetes hilárias e absolutamente desconexas, era formado por Didi, o divertido cearense que sempre se dava bem à custa de seus companheiros; Dedé, o "galã" do programa, que se destacava como o mais valente e inteligente entre os quatro protagonistas; Mussum, o adorável sambista que "falavis desse jeitis" e adorava uma cachacinha – ou, como dizia o próprio, um "mé" –; e Zacarias, o tímido e meigo mineiro que se comportava como uma criança e se apavorava quando sua peruca era arrancada da cabeça.

TATOLA

"Qualquer semelhança não é mera coincidência..."

"Eu sou o Dedé, obviamente."

DENNYS

MONTY PYTHON

O dia 5 de outubro de 1969 é uma data memorável na história da televisão mundial. Foi nesse dia que estreou *Monty Python's Flying Circus*, o programa inglês que mudaria para sempre os rumos do humor, com seus quadros absurdos (não, absurdos, não: SURREAIS), cultos e incrivelmente anárquicos. Encabeçada pelos gênios do humor John Cleese, Graham Chapman, Eric Idle, Terry Jones, Michael Palin e Terry Gilliam, a atração foi de tal forma influente na linguagem do humor que inspiraria nas décadas seguintes programas como *Saturday Night Live*, *TV Pirata* e *Casseta & Planeta, Urgente!* Dentre os esquetes *nonsense* mais famosos e hilários do humorístico estão "O Ministério dos Andares Idiotas", sobre um setor do governo inglês que incentiva seus cidadãos a caminharem de uma forma, no mínimo, estapafúrdia; o "Futebol dos Filósofos", uma hilariante partida entre pensadores da Alemanha como Nietzsche, Kant e Marx e teóricos da Grécia como Sócrates, Platão e Aristóteles em que os jogadores estão mais preocupados em refletir sobre suas ideias em campo, e "A Piada Mais Engraçada do Mundo", sobre uma anedota tão, tão, mas tão hilária que mata aqueles que a leem ou escutam.

CASSETA & PLANETA, URGENTE!

A atração *Casseta & Planeta, Urgente!*, que estreou na Rede Globo em 1992, tornou-se referência no humor nacional por fazer uso cômico da linguagem jornalística e satirizar formatos como campanhas publicitárias, videoclipes e programas televisivos como novelas e filmes em seus divertidos quadros. Composto pelos humoristas Bussunda, Marcelo Madureira, Reinaldo, Hubert, Helio de la Peña, Cláudio Manoel, Beto Silva e Maria Paula, o programa eternizou-se na memória do público muito por conta de seus clássicos quadros fixos. Dentre estes, podemos citar os comerciais da fictícia Organizações Tabajara, responsável por produtos indispensáveis como o Meleca Disfarceitor e o Olho Mágico de Caixão; o "No Cafofo do Osama", que narrava as desventuras protagonizadas por uma versão tresloucada do terrorista Osama Bin Laden; e as desventuras de personagens como o comerciante Seu Creysson, que assassinava com requintes de crueldade a língua portuguesa, e a dupla Carlos Maçaranduba e Ulson Montanha, dois idiotas viciados em anabolizantes que eram uma sátira aos detestáveis pitboys, com suas demonstrações ridículas de masculinidade por meio da violência.

CUSTE O QUE CUSTAR

O programa *Custe o Que Custar*, mais conhecido como CQC, estreou na Band em 2008 e destacou-se por abordar de forma satírica o universo da política, dos esportes e da arte. A atração, que teve entre seus integrantes talentos do humor como Marcelo Tas, Marco Luque, Monica Iozzi e Dani Calabresa, tinha como mote "falar e perguntar o que ninguém tem coragem", aliando tal arrojo a matérias que exibiam divertidos e singulares efeitos audiovisuais. Dentre os principais quadros exibidos pela atração estão o "Top Five", em que eram exibidas as cinco maiores "pérolas" televisivas da semana, geralmente protagonizadas por figuras como Palmirinha Onofre, Cléber Machado e Maísa Silva; o "Repórter Inexperiente", em que o humorista Danilo Gentili se portava de maneira desastrada e fazia perguntas absurdas a celebridades como Gretchen, José Luiz Datena e Marcelinho Carioca, e o "Piores Notícias da Semana", em que os apresentadores noticiavam fatos completamente banais ou ridículos.

PÂNICO NA TV

Lançado em 2003, o programa *Pânico na TV* cravou seu nome na história do humor televisivo por sua pegada caótica e escrachada. Encabeçado pelo apresentador Emílio Surita e integrado por humoristas como Márvio Lúcio, Wellington Muniz e Rodrigo Scarpa, o humorístico oriundo do rádio sacudiu as noites de domingo com quadros pra lá de polêmicos e malucos, entre eles o "Sandálias da Humildade", em que celebridades consideradas esnobes pela atração, como Jô Soares, Clodovil Hernandes e Luana Piovani, eram perseguidas pela dupla de repórteres Vesgo e "Silvio" até que se rendessem e colocassem os calçados que davam nome ao esquete; o "Momento Amy Winehouse", em que um humorista se vestia como a cantora inglesa para sair tresloucado pelas ruas simulando arranca-rabos e destruindo objetos ao léu; e o "Pânico Delivery", no qual o humorista Bola e as famosas Panicats buscavam algum cidadão bêbado na balada e o levavam até sua casa, atazanando-o durante o trajeto.

SATURDAY NIGHT LIVE

O clássico humorístico americano, exibido pela primeira vez em 11 de outubro de 1975, consagrou-se na história da TV como a atração mais indicada ao Emmy de todos os tempos, somando atualmente um total de 126 indicações. Informação nada surpreendente quando consideramos os talentos que já passaram pelo programa: humoristas como Eddie Murphy, Bill Murray, Tina Fey, Will Ferrell e Mike Myers tiveram suas carreiras alavancadas pelo show, que apresenta uma variedade de esquetes e se destaca por contar com uma celebridade diferente a cada semana, que participa de alguns quadros e a quem se delega o tradicional monólogo de abertura. Entre as celebridades que já participaram do humorístico estão Tom Hanks, Robin Williams, Madonna e Britney Spears.

RONALD GOLIAS

O comediante Ronald Golias, assim como Chico Anysio, foi um gigante do humor nacional impossível de limitar a uma única atração. Estreante na TV em 1956, quando integrou a *Praça da Alegria* – como o programa *A Praça é Nossa* era chamado na época –, Golias encantou a audiência com um dos personagens mais importantes da história do humor brasileiro: o inconveniente Pacífico, que décadas mais tarde ganharia seu próprio programa no SBT, intitulado *Escolinha do Golias*. O humorista, porém, também ficaria marcado por outro humorístico igualmente expressivo de nossa TV: o *Família Trapo,* da Record, em que interpretava Carlos Bronco Dinossauro, o atrevido cunhado em torno do qual todas as tramas – e confusões! – giravam.

POR ESSA VOCÊ NÃO ESPERAVA!

AS ORIGENS DO *ENCRENCA*, POR TATOLA

Na época em que o *Quem Não Faz Toma* passou a ser transmitido de segunda a sexta-feira às 19h, o Dinho e o Barão da cerveja Karavelle nos disseram: "Pô, vocês podiam levar esse programa para a TV". Mas quem ia querer? Sabíamos que éramos lindos, mas mal compreendidos. E a TV já está cheia de rosto bonito... Pra que nós quatro? Mas algo aconteceu e nos motivou: o Lucas Jagger, ex-enteado do Marcelo de Carvalho (vice-presidente da RedeTV!), ouviu nosso programa e comentou com o padrasto. Nesse período, a RedeTV! tinha o buraco deixado pelo *Pânico* no domingo, então o Marcelo logo nos chamou para uma reunião. Quando cheguei lá com o Dennys, o Dinho e o Barão, nos jogaram a seguinte pergunta: 'Se vocês fossem fazer um programa de televisão, o que fariam?'. Cri--cri, cri-cri. Não sabíamos. A gente sabia fazer rádio. Eles emendaram: 'Querem saber? Voltem na quinta-feira com ideias e nomes'. Fomos ao restaurante Frevo na rua Augusta e escrevemos o programa de TV ali. Tivemos umas 40 ideias e pensamos em uns 10 nomes para o programa. Fomos para a reunião, começamos a conversar e, quando estava falando sobre nossa sexta ideia, o Marcelo levantou e disse: 'Para! Pode chamar o jurídico e manda fazer o contrato'. Ficamos em choque. A atração iria ao ar no domingo, ao vivo, às 19h... Um programa de domingo! Mas que domingo?! Ninguém disse. O Marcelo apenas explicou que não queria o mesmo nome usado na rádio, para não causar problemas jurídicos no futuro. Resumo: primeiro mês, ninguém da RedeTV! ligou pra gente. Segundo mês, nada. Passou Carnaval, nada. Até que um dia, em uma festa da amfAR (Fundação para a Pesquisa da AIDS), grudamos no Marcelo, que perguntou: 'E aí, quando começam lá?'. A gente ia te perguntar a mesma coisa, Marcelo! Ele pediu que fôssemos à emissora no dia seguinte, e só então a coisa começou a andar. O *Encrenca* estreou na Copa do Mundo de 2014. Dia 29 de junho. 0.8 de audiência. Achamos que a audiência da rádio ia migrar diretamente para a TV, mas não rolou. Quando o telefone tocou, ficamos com medo. Mas eram apenas o Marcelo e o Amilcare (presidente da RedeTV!) nos dando os parabéns. No final daquele ano, o programa já estava com 2.5 de média. Hoje em dia, batemos 8, até 9.5. Brigamos com a Record, beliscamos o Silvio Santos. São 20 milhões de pessoas no Brasil assistindo. Reunimos a molecada, a família na sala. E sabe o que é mais importante? A gente faz o que gosta.

EU SOU RIIIIIIICAAA!

Sabe quanto custa atualmente um capítulo de uma novela da Globo? Vai, chuta aí. Não, não é esse o valor. É muito mais: uma média de US$ 200 mil, de acordo com uma reportagem realizada pela revista *Veja* em 2008. Ôôô, tia Globo, manda um pouco para cá!

ESSAS NOVELAS SÃO DE MATAR...

Às vezes, tudo o que uma novela precisa é de uma catástrofe para voltar aos eixos. Duvida? Então escuta essa: em 1967, quando a novela *Anastácia, a Mulher sem Destino* era exibida pela Rede Globo, o público não conseguia entender bulhufas da trama por conta dos inúmeros personagens incluídos pelo autor, Emiliano Queiroz. Assim, pê da vida com a audiência desastrosa do folhetim, a emissora convocou a autora Janete Clair para que ela desse um jeito na bagunça. A solução da autora foi, no mínimo, inusitada: Janete fez com que um terremoto matasse quase todos os personagens da novela, de modo que pudesse dar um novo rumo à história.

RICARDINHO

Nem as nossas novelas têm reviravoltas tão malucas... sente o drama.

Embora a estratégia não tenha feito de *Anastácia* um sucesso, não só a salvou de um completo fiasco como serviu de inspiração décadas mais tarde para o autor Silvio de Abreu, que se livraria dos personagens indesejados pelo público na novela *Torre de Babel* ao eliminá-los na explosão de um shopping. Que violência, sai fora...

CLARINHAAAAAAAAA, UH UH!

Chacrinha, um dos maiores comunicadores de rádio e TV de nossa história, era também famoso pelos bordões, que caíam facilmente na boca do povo. Entre os mais conhecidos está seu brado "Terezinhaaaaa", ao qual a plateia respondia com um sonoro "uh, uh". Mas quem, afinal, era Terezinha? Ninguém em específico, aparentemente. Quando Chacrinha trabalhava no rádio e recebia patrocínio da Água Sanitária Clarinha, fazia propaganda da marca dizendo aos ouvintes "Clarinhaaaa". Após a empresa fechar as portas, Chacrinha não quis abandonar o *slogan* por adorar sua sonoridade, de modo que viu na palavra "Terezinha" a substituta ideal.

A DINÂMICA DO *ENCRENCA*, POR RICARDINHO

Diferente do *Quem Não Faz Toma*, no *Encrenca* contamos com toda uma produção e uma equipe de mais de 25 pessoas, lideradas pelo diretor Ricardo de Barros (que já dirigiu o pessoal do *Casseta e Planeta* e do *Pânico*). Temos mais de quarenta quadros, que entram em forma de rodízio: Paródia das Novelas da Globo, Rolou na Semana, Piada Pronta, O Loco Bicho, Joãozinho, Cantadas de Pedreiro, Dino, Cantation, Cê Nunca Fez Isso Não, É Incrível, Você Decide, Expectativa x Realidade, Sofá na Rua, Ombro Amigo, Segura Aqui, entre outros. O quadro de maior audiência é o Zap Zap, que mostra os vídeos mais divertidos e curiosos que rolam na rede. A produção separa os vídeos, a gente assiste e seleciona quais ficam e quais saem, porque não queremos nada que seja pesado ou tenha sangue. Em relação aos demais quadros, geralmente gravamos de quarta, quinta e sexta-feira com nossa Carlão.

Na hora do programa, que é ao vivo, a gente sabe tudo o que fez ao longo da semana; só não sabe quando vai entrar no ar, porque é o diretor quem decide. No final das contas, a gente acaba fazendo um programa de rádio na própria TV.

A mato-grossense Carlão ganhou fama quando seu bordão "Bora Tomar Uma", dito com sua característica voz grossa, viralizou nas redes sociais e a levou ao programa da Eliana, no SBT. Gente como a gente, Carlão não tem medo da zoeira e protagoniza nossos quadros mais divertidos. A pergunta que fica, porém, é a de sempre: Carlão é menino ou menina? Não, a gente não sabe, estamos perguntando!.

O NOME DO HOMEM DO BAÚ

Todo brasileiro sabe quem é Silvio Santos. Podemos ir além: todo brasileiro sabe que o verdadeiro nome do Silvio Santos é Senor Abravanel. Mas você sabe a razão desse nome artístico? A-há, essa você desconhece. Na época em que Silvio Santos batia ponto nas rádios participando de concursos para radialista e vencendo todos facilmente, seu sucesso incomodou tanto que o proibiram de integrar as disputas. Assim, a saída encontrada pelo jovem para continuar participando dos concursos foi arranjar um novo nome. "Silvio" era o apelido pelo qual sua mãe, Rebeca Abravanel, o chamava, enquanto o "Santos" tinha um motivo mais transcendental: o Homem do Baú acreditava que os santos sempre o ajudavam.

SANTA CLARA, A PADROEIRA DA TELINHA

Televisão não é coisa do capiroto, não, e aqui está a prova definitiva: a bichinha tem padroeira, e ela atende pelo nome de Santa Clara. Sim, aquela santa italiana nascida lá no ano de 1193. Já sabemos sua próxima pergunta: "Mas como alguém nascido há tanto tempo pode ter algo a ver com uma tecnologia do século XX?". A gente sabe: em 1253, quando Clara já se encontrava muito debilitada para sair de casa, rezou para que Deus lhe permitisse ver a missa na igreja de São Francisco. Segundo o relato de Clara, Deus fez com que ela visse e ouvisse a celebração de seu próprio leito. Em razão dessa milagrosa transmissão, o Papa Pio XII a tornou padroeira da televisão e de seus funcionários em 1958. Naturalmente, quebramos a cabeça tentando imaginar quantas ave-marias ela rezou para salvar a TV dos anos 1990.

MORREU, MAS PASSA BEM

Em 1972, durante as gravações da novela *Bandeira 2*, correu o boato de que Paulo Gracindo, um de seus astros principais, havia batido as botas. O público ficou tão comovido com a notícia que mais de três mil pessoas compareceram ao cemitério onde o corpo era velado, apenas para descobrir que tudo não passava de uma gravação da morte do personagem de Paulo Gracindo no folhetim. Até que a verdade fosse descoberta, porém, o chororô foi geral pela suposta morte do ator, que no ano seguinte se consagraria novamente diante do público com o papel do político Odorico Paraguaçu, da novela *O Bem Amado*.

NU EM PELO, PELO EM NU

A TV, como vocês podem supor, era muito cheia de "não me toques", de modo que somente em 1977 vimos pela primeira vez pelos pubianos na telinha. A gente te dá um doce se você adivinhar quem foi o primeiro astro a mostrar seus pelinhos. Ele mesmo: Tony Ramos. Na novela *O Astro*, quando seu personagem deixa a casa da família, o galã aparece nu como veio ao mundo. A câmera, é claro, não focou naquelas partes, mas quem assistiu naquele dia pôde ao menos vislumbrar as pernas do astro e um pouquinho mais.

BETO JAMAICA, PADROEIRO DO *ENCRENCA*

Na época em que o *Encrenca* ainda dava seus primeiros passos com aquele suado pontinho de audiência, Beto Jamaica e Compadre Washington foram convidados para participar da atração. Ao final do programa, Beto Jamaica virou-se para os apresentadores e disse: "Adorei participar do *Encrenca*. Vocês não têm muita audiência agora, mas pode ter certeza de que terão no futuro". E não é que ele estava certo? Beto Jamaica, agora fala que a gente vai ganhar na loteria, pelo amor de Deus!

TIPOGRAFIA: BERTHOLD AKZIDENZ GROTESK, ROBOTO E GARAMOND

PAPEL DE MIOLO: OFF SET 120 g/m²

PAPEL DE CAPA: CARTÃO 250 g/m²

IMPRESSÃO: IMPRENSA DA FÉ